En la cima del mundo

NORMAN MAILER

En la cima del mundo

Prólogo de Andrés Barba
Traducción de Juan Sebastián Cárdenas

451.http.doc

ISBN 978-84-96822-67-2

PRIMERA EDICIÓN EN 451 EDITORES
2009

TÍTULO ORIGINAL
King of the hill

© DEL TEXTO: Norman Mailer, 1971
© DEL PRÓLOGO: Andrés Barba, 2009
© DE LA TRADUCCIÓN: Juan Sebastián
Cárdenas, 2009
© DE LAS IMÁGENES: Aisa, Cover
© DE LA EDICIÓN: 451 Editores, 2009

Xaudaró, 25
28034 Madrid - España

tel 913 344 890 - fax 913 344 894

info451@451editores.com
www.451editores.com

DIRECCIÓN DE ARTE
Departamento de Imagen y Diseño GELV

DISEÑO DE COLECCIÓN
holamurray.com

MAQUETACIÓN
Departamento de Producción GELV

IMPRESIÓN

Talleres Gráficos GELV
(50012 Zaragoza)
Certificado ISO

DEPÓSITO LEGAL: Z. 307-09
IMPRESO EN ESPAÑA

ÍNDICE

REY HAS SIDO, REY DESDE SIEMPRE

Andrés Barba

... es verdad que hay algo en ti que nunca
ha podido someterse, una cólera, un deseo,
una tristeza, una impaciencia, un desprecio,
en suma, una violencia... y mira, tus venas
llevan oro, no barro; orgullo, no servidumbre.
Rey has sido, Rey desde siempre...

Aimé CÉSAIRE,
Las armas milagrosas

JEAN-PAUL SARTRE, EN UN ARTÍCULO PUBLICADO A finales de los años cincuenta sobre la cuestión negra, abre su discurso con un larguísimo párrafo que parece —trasponiendo los términos— una sucesión de *jabs,* ganchos y directos de derecha a la conciencia blanca, que comenzaba ya a despertar: «¿Pero qué esperabais oír cuando se le quitara la mordaza a esas bocas negras? ¿De verdad creíais que iban a entonar vuestra alabanza? ¿Que leeríais la adoración en esos ojos cuando esas cabezas se levantaran, esas mismas cabezas que vuestros padres, por la fuerza, habían humillado hasta la tierra? He aquí unos hombres negros, de pie ante nosotros, que nos miran; os invito a sentir, como yo, la sensación de ser mirados. Porque el blanco ha gozado durante tres mil años del privilegio de ver sin ser visto; era mirada pura; la luz de sus ojos sacaba cada cosa de la sombra natal. La blancura de su piel era también una mirada, luz condensada. El hombre blanco, blanco porque era hombre, blanco como el día, blanco como la verdad, blanco como la virtud, iluminaba la creación como una antorcha. Develaba la esencia secreta, y blanca, de los seres. Hoy esos hombres negros nos miran y nuestra mirada se reabsorbe en nuestros ojos; unas antorchas negras, a su vez, iluminan el mundo, y nuestros semblantes pálidos ya no son más que unos pobres farolitos sacudidos por el viento, y nuestra blancura nos parece un extraño barniz lívido que impide a nuestra piel respirar: una malla blanca, gastada en los codos y en las rodillas bajo la cual, si pudiéramos quitárnosla, brillaría la verdadera carne humana, la carne color de vino negro». Y era cierto, la negritud misma había adquirido, o adquiría entonces un verdadero poder militar, el poder de un auténtico ejército de la conciencia. No era posible ya la escapatoria, ni el malabarismo. «Tal vez un judío blanco podía negar su condición de judío para así declararse un hombre entre los hombres, pero el negro no podía negar su negritud, ni reclamar para sí una especie de abstracta humanidad incolora». Estaba, como los contrincantes de Ali, contra las cuerdas, acorralado en la autenticidad de su piel. Y es que al negro se le había insultado, humillado, lo que no se esperaba en absoluto es que de pronto esa figura se irguiera y recogiera la misma palabra, «negro», que se le había lanzado como una piedra, y se reivindicara como negro frente al blanco, pero ahora en el orgullo.

Tal vez uno de los episodios que más conforma el carácter de Ali fue precisamente su amistad con Malcolm X. Se conocieron en Detroit, en 1962. Cassius y su hermano Rudy se habían desplazado a aquella ciudad para asistir a una reunión de la mezquita local. Antes de que comenzara el acto, los Clay se tropezaron con Malcolm en el comedor de estudiantes que había al lado. Clay le tendió inmediatamente la mano:

—Soy Cassius Clay —dijo.

Alguien susurró a Malcolm que aquel muchacho era uno de los aspirantes al título de los pesos pesados. Ferdie Pacheco, uno de los asistentes de Ali, lo describe como una reverberante fascinación mutua: «Malcolm X y Ali eran como hermanos. Era casi como un enamoramiento. Malcolm pensaba que Ali era el chico más estupendo que había conocido nunca, y Ali consideraba que Malcolm era el negro más inteligente de la faz de la tierra. Malcolm X era increíblemente brillante, convincente, carismático, al modo en que suelen serlo los grandes líderes y los mártires. Todo ello dejó una impronta definitiva en Ali». Y sin embargo había algo que Ali no entendía y sobre lo que Malcolm parecía pronunciarse con insistencia: la demonización de los blancos. Los Musulmanes Negros, a los que se había adscrito ya desatando una tremenda impopularidad inicial, en cierto modo satis-

facían una necesidad profunda del joven Ali, pero al tiempo no se veía capaz de adherirse a la totalidad de sus postulados, ni a entablar una lucha abierta. El mismo Ali estaba rodeado de blancos; Morthy Rothstein, Pacheco y hasta el grupo blanco de Louisville que había creado un fondo monetario para que dispusiese de él cuando le hiciera falta. A sus ojos no había ningún demonio blanco. Malcolm X, por su parte, fue capaz incluso de pronunciarse en contra de Kennedy tras su asesinato, provocando una auténtica conmoción nacional, y hasta en el interior de la asociación de los Musulmanes Negros, por la que fue vetado temporalmente.

El revolucionario Malcolm era negación pura: para construir su verdad era preciso, en primer término, destruir la de los otros. Ali, sin embargo, con toda su aparente ingenuidad en ciertos episodios vitales, se levanta como un gigante precisamente porque en ese viaje hacia la conciencia negra ha dado un definitivo quiebro, un absoluto «puñetazo fantasma» como aquel con el que derribó a Liston en su lucha por el título mundial de campeón de los pesos pesados en 1964: la raza se ha mudado en historicidad. Sartre de nuevo: «El presente negro estalla y se temporaliza, se inserta con su pasado y su futuro en la historia. Puesto que el negro ha sufrido la explotación, y más que el resto, ha adquirido más que el resto el sentido de la revuelta y el amor a la libertad. Y como ha sido el más oprimido, lo que persigue precisamente es la liberación de todos, al tiempo que trabaja en su propia liberación».

En los días en que se escribe este pequeño prólogo al texto de Mailer hemos asistido a una de las victorias más esperanzadoras de este nuevo siglo: la elección del primer presidente negro de Estados Unidos, Barak Obama. Y resulta interesante, aun por un segundo, detenerse a estudiar esa evolución. La negritud parece ser el tiempo débil de una progresión dialéctica: la afirmación teórica y práctica de la supremacía del blanco es tesis, la posición de la negritud como valor antitético es el momento de la negación; pero este momento negativo no tiene suficiencia en sí mismo y los negros que se sirvieron de él en su momento, como Malcolm X, lo sabían muy bien. Sabían que todo tiende a preparar la síntesis de lo humano en una sociedad sin razas. La negritud (Obama es su demostración palpable) existe para destruirse, es pasaje y no llegada, medio y no fin último.

No ingenuamente Mailer abre su texto hablando del ego y de su enorme influencia en la historia del siglo XX. Tanto Malcolm X como Ali comprendían a la perfección que estaban en un momento verdaderamente revolucionario, y el negro que reivindica su negritud en un momento revolucionario se sitúa desde ya en el territorio de la Reflexión. Reaparece así la subjetividad —el ego para Mailer—, la relación de su yo consigo mismo. También Sartre retoma la idea de Bertrand Wolfe para explicar que el negro que llama a sus hermanos de color a tomar conciencia de sí (y ese y no otro es el mensaje verdaderamente insistente tanto de Malcolm X como de Ali, aun cuando sus posturas no coincidan por completo) tratará a la vez de presentarles la imagen ejemplar de su propia negritud, y se volverá hacia su alma para tomarla de allí. Se erige como faro y espejo a la vez; el primer revolucionario será el anunciador del alma negra, el heraldo que arrancará de sí la negritud para tenderla al mundo, profeta a medias y a medias guerrillero.

«Para nuestra mentalidad americana es intolerable que esta figura, probablemente la más importante después del presidente, nos resulte sencillamente incomprensible, pues no sabemos si estamos ante un demonio o ante un santo», comenta Mailer en el inicio del texto que prologamos aquí; y dos días antes del combate contra Liston, en el que Ali se convierte por primera vez en campeón de los pesos pesados, se definirá a sí mismo de la siguiente manera: «Soy joven, soy guapo, soy rápido, soy elegante y probablemente no pueda ser golpeado. He cortado árboles, he luchado contra un cocodrilo, me he peleado contra una ballena, he encerrado rayos y truenos en prisión, incluso la semana pasada asesiné a una roca», un discurso que está lejos de ser la simple fanfarronada de un boxeador antes de entrar en el *ring,* y que delata más bien la conciencia propia que Ali comenzaba a tener de sí mismo, una conciencia profética, una gran voz, como una enorme columna de aire. No por casualidad cuando Clay subió al *ring* de Miami Beach para enfrentarse a Liston lo hizo luciendo un batín de color blanco en el que se leía el rótulo «The Lip» ('el insolente', 'el bocazas') cosido a la espalda.

El primer feo que el Ali revolucionario hace a su país natal, el más cristiano de todos los países (cuando Europa había dejado de ser cristiana hacía más de cien años), es precisamente su conversión al Islam. Ya antes de que en 1960 viajara a Roma en busca de su medalla en los Juegos Olímpicos se había quedado fascinado con una secta llamada la Nación del Islam, pero más conocida con el nombre de los Musulmanes Negros. Ya en la primavera antes de partir hacia los Juegos Olímpicos, Cassius leía el periódico oficial de la Nación, el *Muhammad Speaks*. «Lo más concreto que encontré en las iglesias —comentaría años más tarde— fue la segregación. Ahora, en cambio, había aprendido a aceptarme a mí mismo, a ser yo. Ahora sé que somos el hombre original, que somos el pueblo más grande del planeta Tierra y que nuestras mujeres son sus reinas». Una transformación que culminó con su adhesión a la Nación del Islam, y su conversión. Necesitaba pues un nuevo nombre que borrara de sí todo lo que de blanco (que no era poco) había en su sangre: «Cassius Marcellus Clay se llamaba un hombre blanco que era dueño de mi bisabuelo, y a mi bisabuelo le pusieron así por él, y luego a mi abuelo, y luego a mi padre, y luego a mí. Creo en Alá y creo en la paz. No pretendo vivir en un barrio blanco. No quiero casarme con una blanca. Me bautizaron cuando tenía doce años, pero no sabía lo que hacía. Ahora ya no soy cristiano. Sé adónde voy y conozco la verdad, y no tengo por qué ser lo que vosotros queráis. Soy libre de ser lo que quiera». La conversión de Ali en cierta medida era una conversión global, no solo anticristiana, sino también antiamericana (y ello, evidentemente, a pesar de que, como cientos de actitudes lo prueban, siguiera siendo en realidad profundamente cristiano y profundamente americano). La lengua, ya antes desatada del joven Clay, se desata aún más: «No consideran que los púgiles puedan tener cabeza. No consideran que puedan ser hombres de negocios, ni seres humanos, ni inteligentes. Los boxeadores no son más que brutos que vienen a entretener a los blancos ricos. Pegarse entre ellos y romperse la nariz, y sangrar, y actuar como monitos para el público, y matarse por el público. Y la mitad del público son blancos. En lo alto del *ring* no somos más que esclavos. Los amos escogen a dos esclavos grandes y fuertes y los ponen a pelear mientras ellos apuestan a que su esclavo machacará al del otro. Y eso es lo que veo cuando veo a dos negros peleando». Puede que alguien hubiese dicho antes palabras parecidas a aquellas, pero desde luego no era el campeón del mundo de los pesos pesados.

A la absurda agitación utilitaria del blanco, el negro Ali opone la autenticidad que ha recogido de un sufrimiento histórico: como ha tenido el horrible privilegio de tocar el fondo del abismo, la raza negra es una raza elegida. Hace de su negritud una pasión, si no anticristiana, por lo menos a-cristiana: el negro consciente de sí se representa a sus propios ojos como el hombre que asumió todo el dolor humano y que sufre por todos.

Es cierto que Ali se radicaliza tras el asesinato de Malcolm X en febrero de 1965, y más aún cuando se trata de relaciones interraciales. Es furibundo, por ejemplo, en su entrevista a la revista *Playboy:*

ALI: A nuestras mujeres no las toca nadie. Pon un solo dedo sobre una hermana musulmana: te costará la vida.
PLAYBOY: Está usted empezando a parecer la copia exacta de un racista blanco. Vamos a dejarlo claro: ¿considera usted que el linchamiento sería una respuesta adecuada al sexo entre personas de distinta raza?
ALI: Todo negro que se meta en líos con una mujer blanca debe ser muerto. Eso es lo que siempre han hecho los blancos. Linchaban a los negros por el mero hecho de

mirar a una mujer blanca: lo calificaban de mirada lasciva e iban a buscar la soga. Los toquecitos, las palmadas, el engaño, cualquier tipo de abuso, faltarles el respeto a nuestras mujeres... Todas esas cosas deberían pagarse con la vida.

PLAYBOY: Y ¿qué ocurre si una mujer musulmana quiere salir con un negro no musulmán o incluso con un blanco?

ALI: Entonces es ella la que muere. La matamos a ella también.

Resulta comprensible que la popularidad del joven Ali decreciera hasta el subsuelo cuando se despachaba con semejantes perlas, y más aún cuando el país al completo estaba bajo los efectos de acontecimientos tan recientes como la legalización del porno. Ali hablaba de linchamientos, pero la gente estaba acudiendo en masa a ver la polémica *Garganta Profunda* de Gerard Damiano en cientos de salas de varios estados. El discurso de la liberalización sexual había traspasado con mucho sus estrictas fronteras lúbricas y se había convertido en un auténtico debate político. Celebridades como Dennis Hopper, Warren Beatty y hasta la misma viuda de América, Jacqueline Kennedy, se habían hecho fotografiar acudiendo a verla.

Pero si no se dejaba amar del todo por su América, tampoco se dejaba odiar del todo, y su discurso cada vez resultaba más influyente. Ali tiene en todo momento la actitud de un chico divertido, de un *showman*. Él mismo parece entenderlo, con esa inquietante ambigüedad que tienen las personas que a ratos se hacen las estúpidas (o que verdaderamente lo son: «He dicho que era el más grande, no que fuera el más listo», llegó a comentar), él mismo sabe que es en realidad un producto cien por cien americano. Tiene un humor rápido, intuitivo, cínico; en muchas ocasiones, cuando desplegaba aquellos desmesurados elogios de su fuerza o de sí mismo, uno tiene la sensación de ver al final una especie de sonrisa sardónica, como la de un niño que sabe que está siendo gracioso; a ratos parece imbuido en una solemnidad pesada y sentenciosa como si estuviese recitando de memoria versos de Whitman, un orgullo y un ego que solo podían nacer de América, un sentido del humor desbordante, y en realidad todo se le perdona porque hasta su manera de despreciar América es profundamente americana. A ratos produce el efecto de esas personas que existen en ciertos grupos y familias que pueden descolgarse en el momento más inapropiado con un comentario sórdido, o cínico, o brutal, no importa; lo que en otro sería intolerable en él es celebrado, lo que en otro ofendería, en él hace reír.

No todo es solemnidad, y hasta el propio Ali es capaz de entender que un mundo tomado permanentemente en serio sería intolerable, de modo que a veces decide divertirse haciendo de Ali, como si se parodiara a sí mismo en una versión totalmente estrambótica, poniendo posturitas, exagerándolo todo. Luego, de inmediato, se vuelve solemne otra vez, de nuevo sonríe. ¿Qué esperar de él? Si roza el *clown* lo hace en el sentido más estricto y radical de la palabra, porque solo al *clown* le es permitido decir ciertas cosas, solo el *clown* puede enseñarle el culo al rey y conseguir que ese gesto sea un gesto serio, una transgresión real, y, al mismo tiempo, un gesto entretenido. Quien conozca mínimamente la cultura estadounidense entenderá enseguida el sentido casi sacral que en esa cultura tiene la palabra *entertainment*. Ali no solo quiere su revolución, sino también su espectáculo. O más aún, son los dos movimientos coincidentes en el tiempo, revolución y espectáculo, tan ansiado el uno como el otro, tan inseparables que no podría concebirse que se dieran por separado. Uno a veces tiene la tentación de pensar que ciertos desbarres dialécticos de Ali (como el de la entrevista a la revista *Playboy* que hemos reproducido arriba) se producen no tanto porque el propio Ali creyera firmemente lo que decía (no faltan los episodios de su vida en los que se desvela como una persona conciliadora, afable, y enemiga de la violencia gratuita), sino porque se deseaba de él el espectáculo —y aquí la palabra es particularmente apropiada—, se deseaba que alguien, y él era el más apropiado para ello, dijera exactamente esas palabras. No era el linchamiento real, que con seguridad el propio Ali habría impedido, sino la conmoción de esas palabras, su espectáculo.

Hay también otro aspecto que hace a Ali profundamente americano, y que explica en parte su gran influencia, y ese aspecto es su belleza, su juventud, su incontestable fuerza física. Ali no era, desde luego, el más fuerte de todos los boxeadores, ni siquiera el más grande, si nos referimos a su tamaño físico. En los días previos al combate de Kinshasa de 1974 en el que revalida su título de campeón mundial de los pesos pesados, el propio Mailer comenta en su libro *El combate* que Ali evitaba mirar el saco en el que se había entrenado George Foreman y en el que a diario dejaba un hueco «del tamaño de una sandía». Evitaba mirarlo porque aquel hueco era el termómetro, la confirmación de que Foreman era más fuerte. ¿Por qué si Foreman era incontestablemente más fuerte que Ali, sin embargo no lo parecía en absoluto? ¿Qué hacía a Ali ser verdaderamente el más grande? Mucho se ha comentado acerca del nuevo modelo de boxeador que instaura Ali: el del boxeador psicológico que hace toda una tarea previa al combate de desmoralización del contrario. En parte Ali sabe que un contrincante desmoralizado es un contrincante inseguro, pero no se trata solo de eso, y tampoco desarrollaremos aquí —ya que el propio Mailer lo hace con especial maestría en su texto— una descripción de sus técnicas pugilísticas, se trata más bien de otra cosa: en cierto modo Ali es perfectamente consciente de que es la encarnación de una fuerza, de que ha sido elegido; tan pronto es capaz de bromear y fanfarronear como de levantarse, con toda la majestuosidad de aquel viejo Walt Whitman; Ali sabe que es un gigante porque está sobre los hombros de un gigante: el gigante del dolor, de la humillación y de los atropellos que durante siglos ha sufrido la raza negra. Habla Whitman:

Sé que soy inmortal,
Sé que mi órbita no puede ser medida por el compás
    de un carpintero,
Sé que no me desvaneceré como la espiral de fuego que
    traza un niño en la noche con un tizón encendido.

Sé que soy majestuoso.
Sé que las leyes elementales no merecen justificación.
Yo no lloriqueo con los que lloriquean en todo el mundo,
Porque los meses son vacíos y porque la tierra es cieno
    y porquería.
Yo existo como soy, y eso basta.
Brotan de mí voces largo tiempo acalladas,
Voces de interminables generaciones de prisioneros
    y esclavos,
Voces de los enfermos, los desesperados, de los ladrones,
    de los enanos,
Voces de ciclos de preparación y crecimiento,
De los hilos que unen a los astros, de los úteros
    y de la simiente paterna,
Y de los derechos de aquellos a quienes otros pisotean,
De los seres deformes, vulgares, simples, locos, despreciados,
Niebla en el aire, escarabajos que arrastran su bola
    de estiércol.
Yo no me cubro la boca con la mano.

Compárese ese maravilloso texto de Whitman en *Hojas de Hierba* con las palabras de Ali en una rueda de prensa en 1971, antes del combate contra Frazier, un Ali especialmente emocionado y que balbucea, como quien está siendo poseído: «Voy a luchar por el prestigio, no por mí, sino para levantar a mis hermanos pequeños que están durmiendo hoy en el suelo de América, la gente negra que vive de la beneficencia, que no puede comer, que no se conocen a sí mismos, que no tienen futuro. Quiero ganar el título y pasear por los callejones con los borrachos, con los drogadictos, con las prostitutas. Podría ayudar a la gente, podría ayudar a mi gente de Louisville, Kentucky, Indianápolis, Indiana, Cincinnati, Ohio, Tennessee, Florida, Mississippi, y enseñar a los negros caídos que no saben que esta es su tierra. Yo me parezco a mis hermanos de Alabama, de Georgia. Ellos no sabían que yo estaba aquí. Dios me ha bendecido para que consiga eso para toda esa gente». Escuchando estas palabras, uno podría pensar que Ali iba a enfrentarse a un boxeador blanco.

Ahora que se va a enfrentar a Frazier, el propio Ali sabe que algo ha cambiado por completo, algo que no había ocurrido cuando en 1964 consiguió por primera vez el título mundial contra Liston. Para entender cabalmente el texto de Mailer hay que retrotraerse unos años atrás, a una entrevista un tanto accidental realizada por un periodista llamado Lipsyte para el *Philadelphia Inquirer.* En el momento en el que Ali es llamado a cumplimiento de servicio militar, en 1967, acababa de comenzar la guerra de Vietnam. Por aquel entonces Ali estaba acostumbrado a que le hicieran preguntas sobre su posición ante la discriminación racial, pero las que comenzaban a venírsele encima eran de una naturaleza muy distinta. Lipsyte recuerda haber preguntado a Ali qué opinaba sobre la guerra y el Vietcong, y que durante unos segundos el gigante negro se mantuvo en silencio, tambaleándose. «Luego, de pronto, dio en la clave», recuerda Lipsyte:

—A mí —contestó— el Vietcong ese no me ha hecho nada.

En aquel momento Ali no habría sido capaz ni siquiera de señalar con el dedo sobre un mapa en qué lugar se encontraba Vietnam, pero —tal vez sin conocer el alcance completo de sus palabras— acababa de hacer una auténtica declaración de intenciones. La prensa, y no solo la nacional, se abalanzó literalmente sobre él. De la noche a la mañana se convirtió en el antipatriota por excelencia para unos y en el héroe para otros. Spike Lee, el conocido director de cine y entonces un muchacho, lo recuerda con especial emoción: «Cuando no quiso ir [a Vietnam] sentí algo más grande que el orgullo; tuve la sensación de que mi honor de muchacho negro —de ser humano— quedaba a salvo. Ali era a fin de cuentas el gran caballero, el matador de dragones, y yo, un mero muchacho de ciudad, me sentía su aprendiz en el camino hacia la gran imaginación y las grandes osadías. El día en el que Ali se negó a incorporarse a filas lloré en mi habitación por mi futuro y por el suyo, por todas nuestras perspectivas como negros». La polémica estaba servida. No le faltaron tampoco adhesiones ilustres, el mismo Bertrand Russell le escribió una carta entusiasta: «En los meses venideros los gobernantes de Washington van a tratar de perjudicarlo a usted por todos los medios a su alcance, pero usted sabe, estoy seguro, que ha hablado en nombre de su pueblo y en el de todos los oprimidos del mundo que desafían valerosamente al poder norteamericano. Tratarán de hundirlo porque usted es el símbolo de una fuerza que no pueden aniquilar, es decir: la conciencia, ya despierta, de un pueblo entero resuelto a no seguir siendo diezmado por el miedo y la opresión. Puede usted contar con todo mi apoyo». Ali recibió aquella carta de Bertrand Russell el mismo día en que le retiraron su pasaporte.

En Fort Polk, Lousiana, Ali acudió a la cita de reclutamiento junto a otros veinticuatro reclutas potenciales, pero no contestó cuando el joven teniente Steven Dunkley pronunció en voz alta el nombre «Cassius Clay»:

—¡Cassius Clay, ejército!

El grito se repitió por tres veces, hasta que el teniente le aisló en una habitación.

—¿Es usted consciente de que la negativa a incorporarse a filas acarrea una pena de cárcel de cinco años y una sanción económica?

—Sí, soy consciente.

Y Ali recordará muchos años después que a la salida del centro de reclutamiento una mujer se abalanzó sobre él: «¡De cabeza a la cárcel! ¡Ponte de rodillas y pídele perdón a Dios! ¡Mi hijo está en Vietnam y no tiene nada que envidiarte! ¡Ojalá te pudras en la cárcel!». Era, en definitiva el grito de buena parte de la opinión pública americana. Se le condenó entonces a la pena máxima: cinco años de prisión y diez mil dólares de multa. «Tomé la decisión —aseguró luego a la revista *Black Scholar*— de ser un negro de los que no se dejan atrapar por los blancos. Un negro menos en tu lista, hombre blanco, ¿comprendes? Un negro al que no vas a atrapar».

Césaire, el gran poeta negro francés, publica también entonces en *Le Monde* un poema dedicado a Ali:

Negro pregonero de la revuelta,
Conoces los caminos del mundo

Desde que fuiste vendido en Guinea...
Cinco siglos os vieron las armas en la mano
Y habéis enseñado a las razas explotadoras
La pasión de la libertad.

Como nos recuerda Sartre, «hay ya una auténtica Gesta Negra; primero la edad de oro de África, luego la era de la dispersión y de la cautividad, más tarde el despertar de la conciencia, el tiempo heroico y sombrío de las grandes revueltas, de Toussaint Louverture y los héroes negros, después la abolición de la esclavitud y ahora, por fin, la lucha por la liberación definitiva», a la que pertenecen, cada uno en su frente, Martin Luther King, Malcolm X y Muhammad Ali por derecho propio.

Aguardáis la próxima llamada
La inevitable movilización
Porque vuestra guerra solo ha tenido treguas
Porque no hay tierra que tu sangre no haya empapado
Lengua en que tu color no fuera insultado.
Sonreís, Black Boy,
Cantáis,
Danzáis,
Arrulláis a la generaciones
Que ascienden a toda hora
En las fuentes del trabajo y de la pena
Que se lanzarán mañana al asalto de las bastillas

Hacia los bastiones del porvenir
Para escribir en todas las lenguas
En las páginas claras de todos los cielos
La declaración de tus derechos desconocidos
Desde hace más de cinco siglos.

Si antes Ali había hecho del dolor histórico de la raza negra su propio dolor, ahora es sin duda su propia carga la que le enfrenta definitivamente a su condición, de negro, sí, pero sobre todo de líder. Resiste incluso la última tentación: la oferta secreta que le hace el gobierno de dejarse fotografiar con el uniforme y cubrir su servicio con un par de combates de exhibición para las tropas en Vietnam (oferta, por otra parte, nunca reconocida oficialmente por el gobierno). Al mismo tiempo que comienza su apelación al resultado del juicio, Ali inicia una verdadera carrera política. El título de campeón mundial de los pesos pesados le ha sido retirado, así como la licencia para boxear en todo el territorio nacional, los únicos intentos de boxear fuera de Estados Unidos también resultan infructuosos: se le prohíbe abandonar el país. Va de universidad en universidad dando conferencias antibelicistas. Con veinticinco años y en plena cumbre de su carrera deportiva y de su fuerza física, Ali es inhabilitado para boxear durante tres años y medio. Es acaso esa desnudez última del hombre Ali la que arranca más claramente los oropeles un tanto frívolos de otras veces para darle el verdadero oropel de un auténtico líder. Es esa desnudez, y ese aparente fracaso, lo que mejor simboliza su negritud. Una negritud que ya no es un estado, sino una superación de sí mismo. En el momento en el que acepta perder, ha ganado.

La propia guerra de Vietnam ayuda a Ali. Esa guerra que Estados Unidos creía poder resolver con rapidez y eficacia se convierte finalmente en una guerra que parece no acabar nunca, una infernal guerra de desgaste que poco a poco va haciéndose cada vez más impopular y que mina también el tan comentado espíritu patriótico americano. «A mí ningún vietnamita me ha llamado negro», se harta de repetir Ali en sus conferencias universitarias, pero ahora cada vez con más adeptos.

En 1970 a Ali se le permitió boxear de nuevo. Un senador del estado le consiguió por fin una licencia que le permitía pelear en Georgia (el único estado del país que no tenía una comisión de boxeo) y pudo estrenarse frente a Jerry Quarry. La corte del estado de Nueva York fue la siguiente en levantar el veto alegando que a Ali se le había retirado injustificadamente su licencia, y tras catorce asaltos mandó a la lona del Madison Square Garden a Bonavena, en diciembre de aquel mismo año.

Todo estaba ya preparado para que Ali reclamara nuevamente su título de campeón de los pesos pesados. El rival, Joe Frazier, no podía estar más a la altura, ninguno de los dos púgiles había perdido ni un solo combate en toda su trayectoria profesional. El 8 de marzo de 1971 fue la fecha acordada para el encuentro en el Madison Square Garden de Nueva York, un encuentro que desde varios meses antes ya tenía nombre: *The fight of the century,* 'El combate del siglo'. «Hasta la última de las pedantes almas liberales que antes habían amado a Patterson ahora rendían tributo a Ali. Las mentes negras más asombrosas y las más exquisitas de entre las blancas estaban dispuestas a aclamarlo. Y lo mismo ocurría con todos aquellos americanos trabajadores y amantes de la familia que sentían un odio genuino hacia la guerra de Vietnam. Qué enredo de enseñas portaba en la punta de su lanza... Qué cara de felicidad tenía cuando explicó en la televisión cuál sería el orden del día durante el combate, y su inevitable victoria. Parecía tan contento como un bebé que chapotea en el agua de una bañera».

Dejemos aquí las espadas en alto para darle a Mailer la voz emocionante del momento descrito en todo el calor de su contemporaneidad. El otro combate —el combate legal que enfrentaba a Ali al gobierno federal de Estados Unidos— se resolvió poco tiempo después, en junio de 1971. El jurado de la Corte Suprema, por una votación de ocho a cero, desestimó la acusación a Ali, y afirmó que había sido injustificadamente vetado. Por primera vez se reconocía oficialmente su derecho como objetor de conciencia.

Aún hoy sigue siendo difícil dilucidar ciertos aspectos de la vida de Ali. El relumbrón del icono deja en penumbra otras zonas más ambiguas, menos claras, pero también más interesantes. La misma raíz de su fijación por el boxeo se ha contado tantas veces de manera tan ñoña que ha terminado por parecer una anécdota hagiográfica: siendo niño le robaron la bicicleta y decidió comenzar a boxear para que, si se daba el caso de que encontrara al que lo había hecho, pudiera darle una buena paliza. La anécdota del justiciero del antifaz tal vez funcionaría como estímulo en alguna absurda película hollywoodiense; no, desde luego, en la vida real. El novelista estadounidense George Garrett, que durante cuatro años se dedicó profesionalmente al boxeo, hace una interesante anotación a ese respecto: «En todos aquellos años aprendí algo acerca de la hermandad de los boxeadores. La gente se dedicaba a aquella actividad brutal y a menudo autodestructiva por una amplia variedad de razones, casi todas amargamente anti-

sociales y rayanas en lo psicótico. La mayoría de los boxeadores a los que acabé conociendo eran personas heridas que sentían una urgencia profunda y poderosa de herir a otras a riesgo de herirse a sí mismas. Al principio lo que sucedía era que en casi todos los casos se exigía tanta disciplina y destreza, tantas otras cosas en las que concentrarse aparte de las motivaciones originales, que estas terminaban por tornarse borrosas y vagas, a menudo olvidadas, perdidas por completo». Ali, en ese sentido, vuelve a ser un *outsider.* No bebe, lleva una vida sana, es guapo, está obsesionado con la salud, es de una pureza y de una integridad ideológicas casi intolerables, más aún en un mundo como el del boxeo, tan constantemente salpicado de escándalos. El sostenimiento de la figura «Muhammad Ali» dependía en gran parte de no defraudarse a sí mismo. Es posible que todas aquellas exhibiciones de ego provinieran en buena medida del miedo a defraudar, y sobre todo del miedo a defraudarse; Ali repite que es el más grande tan recurrentemente como el ex fumador reciente asegura que ha dejado de fumar, para convertir en verdadero lo que pronuncia, y para obligarse ante los otros a llevar a término aquello que ha decidido hacer de sí mismo: «Es la repetición de una afirmación lo que convierte algo en una creencia. Tras convertirse en una creencia se convierte luego en una profunda convicción, y es entonces cuando las cosas empiezan a ocurrir», llegó a decir en una ocasión, pero la verdadera raíz, el centro oscuro que lleva a Ali a pelear, aquello que tiene que ver radicalmente consigo mismo y no con ninguna reivindicación racial, sigue permaneciendo misteriosamente intacto y oculto.

Por otra parte, Ali tampoco responde a los parámetros propios de un púgil negro, a los de los Liston, Foreman o Patterson, o más tarde a los Tyson, ese tipo de boxeadores a los que Faulkner describe en *Absalón, Absalón:* «En el establo una oquedad cuadrada hecha de rostros a la luz de una linterna, las caras blancas en tres lados, las caras negras en el cuarto, y en el centro dos de los negros salvajes [de Stupen] peleando, desnudos, no peleando como pelean los blancos, con reglas y armas, sino como solo los negros pelean, para herirse rápido y mucho el uno al otro». El propio Frazier, en unas declaraciones previas al «Combate del siglo», afirmaba elocuentemente: «Yo no quiero noquear a Ali. Quiero golpearlo, alejarme y observar cómo le duele. Yo quiero su corazón». En el sentido más profundo de la palabra, los boxeadores deben estar enfadados. Y es que el boxeo, fundamentalmente, tiene que ver con la rabia. Lo que no tiene que ver con la rabia, ni con el boxeo, es la tiranía a la que se veían enfrentados esos boxeadores negros, en virtud de la cual no solo tenían que ser negros, sino además parecerlo. Myrdal resume esta ironía de la situación en una fórmula acertada: «La tiranía del que espera». Lo que el hombre blanco espera ver, la imagen que se forma por anticipado, es el tirano que fuerza la personalidad del paria a ser lo que es «realmente». La verdad sobre el boxeador negro —y de esto se da perfecta cuenta Ali, como ya hemos visto— es que se le pide que «haga de negro». Esta verdad ha sido tan públicamente expuesta en tantas ocasiones que se ha llegado a convertir en un clásico del humor popular. Lo mismo ocurre en la otra gran invención negra: el jazz oscila constantemente entre ambos extremos, reacción verdadera y reacción fingida. Resulta interesante la negativa rotunda de Ali a convertirse en un púgil negro más, en un saco de carne que da y recibe golpes, y no solo por cuestiones políticas —para evitar hacer de él lo que de él se espera—, sino en un sentido casi global: Ali *baila*. Según Pacheco, aquella era la frase que repetía maniáticamente cuando estaba encerrado en el vestuario, antes de salir a la lona en la que se iba a celebrar el «Combate del siglo»:

—Vamos a bailar, a bailar, a bailar...

Y luego, preguntándoles una y otra vez «¿Qué vamos a hacer?», les obligaba a repetir a todos:

—Vamos a bailar, a bailar, a bailar...

Ali es, en el fondo, como una encarnación del *be-bop:* cuando parece que es serio, tiene un gesto bufonesco, imprevisible; puede que haya nacido originariamente de una revuelta contra la circunstancia social, pero en ocasiones se ve obligado a disfrazarse en la sátira. Luego, cuando uno menos lo espera, se desmarca con toda su seriedad en un brutal puñetazo fantasma: «América, yo soy la parte que no reconoces. América, vete acostumbrando a mí. Negro seguro de sí mismo, orgulloso. Mi nombre, no el tuyo; mi religión, no la tuya. Vete acostumbrando a mí».

«Para entender el boxeo verazmente —comenta Joyce Carol Oates— hay que evitar la tentación de exponerlo en términos literarios, o como metáfora o de la vida. Es cierto que la vida es como el boxeo en muchos e incómodos sentidos que ni siquiera es necesario exponer, pero es más acertado decir que en realidad el boxeo solo se parece al boxeo. En primer lugar, en su relación con el dolor físico. Resultaría insoportable, profundamente vergonzoso, contemplar una conducta "normal" en el *ring,* pues los seres normales comparten con todas las criaturas vivientes el instinto de perseverar, como decía Spinoza, en el propio ser. El boxeador ha de aprender de algún modo, mediante algún esfuerzo de la voluntad que los no-boxeadores seguramente no podrían intuir, a inhibir su propio instinto de supervivencia; debe aprender a ejercer su *voluntad* sobre los impulsos meramente humanos y animales, no solo a eludir el dolor sino también a eludir lo desconocido. La cordura puesta al revés, la locura como una forma más elevada y pragmática de la cordura». En realidad lo que conmueve del boxeo, más que su irracionalidad, es precisamente su racionalidad, su determinación, su impulso; no hay nada fundamentalmente lúdico en ello, nada que parezca pertenecer a la luz del día, o al placer. No asusta tanto pensar que es monstruoso, como que es humano, y profundamente humano. En sus momentos de mayor intensidad es capaz de aglutinar una imagen tan poderosa de la vida que subyuga más por su ambigüedad que por su esquematismo. Ayuda a ello la total convicción de que hay algo que se está produciendo: el dolor físico de los púgiles, un dolor que muchas veces es difícil de calibrar y que con frecuencia los propios boxeadores no consiguen explicar tampoco. Aunque, como en todo, hay excepciones. He aquí una excelente descripción de Basilio, en un combate contra La Motta (aquel boxeador en el que se inspiró Scorsese para dirigir *Toro salvaje,* la que probablemente, junto a *Fat City, ciudad dorada* de Huston, sea la mayor joya del cine sobre boxeo): «La gente no se da cuenta de cómo te afecta un golpe de KO cuando te pegan en la barbilla. Todo pasa en los nervios. En aquel combate yo recibí un golpe en la barbilla. Fue un gancho de izquierda que me pegó en la punta derecha del mentón. Lo que sucede es que te desencaja la mandíbula por el lado derecho y la empuja hacia el izquierdo, y el nervio que hay allí me paralizó todo el lado izquierdo del cuerpo, sobre todo las piernas. Se me dobló la rodilla izquierda y casi me vengo abajo, pero cuando volví a mi rincón, en la planta del pie sentía como si tuviera agujas de quince metros de largo, y lo que hice fue dar pisotones en el suelo, tratando de despertarlo. Cuando sonó la campana ya estaba bien». El dolor físico es al boxeo lo que el sexo a la pornografía, cuanto más cerca está y cuanto más frontal es su presencia, más se nos escapa su percepción. Su presencia funciona como los signos elípticos de los que hablaba Baudrillard, se exponen de forma brutal precisamente para ocultarse, y cuanto más cerca están, menos los vemos; de su presencia solo nos queda su abismo.

Cabría decir que el boxeo es más que eso, de acuerdo, pero no mucho más. Desde luego hay algo que no es; el boxeo no es símbolo de nada, lo que lo hace inmensamente más interesante. Como ya dijo una vez la escritora católica Flannery O'Connor: «Si la sagrada forma fuera solo un símbolo, yo diría: al diablo con ella». El boxeo es también celebridad, y más en ese siglo en el que peleó Ali, probablemente el siglo más hambriento y necesitado de celebridades y de mitos de cuantos haya podido haber en la historia del hombre. Ali es, por derecho propio también, un mito, un «monstruo sagrado» (como lo llamó Cocteau en un momento de genial lucidez), el monstruo sagrado presentado a nosotros, a nuestras vidas de sesiones de tarde y trabajo y mediocridad. ¿Cómo no vamos a exaltarnos al verlo actuar, estallar? No sospechábamos que también hubiese vidas como la suya, y en realidad hace algo más que simbolizar un cambio social, es más que una encarnación. En nosotros todo se desliza, en los mitos todo es grande. Ni siquiera son humanos. Con Ali, como con todos los mitos, ocurre lo mismo que ocurre cuando uno mira fijamente a un animal: se tiene la sensación de que hay allí un hombre escondido, y que se ríe de nosotros.

EN LA CIMA DEL MUNDO

A Muhammad Ali y Joe Frazier

ES LA PALABRA DE NUESTRO TIEMPO. SI ESTE SIGLO HA aportado algún término a la potencialidad de la lengua, esa es «ego». Todo lo que hemos hecho en estos cien años, desde las proezas monumentales hasta las pesadillas de destrucción de la humanidad, ha estado en función de ese extraordinario estado mental que nos da autoridad para declararnos seguros de nosotros mismos aun cuando no lo estamos.

Muhammad Ali se presenta como el más perturbador de todos los egos. Una vez que se adueña del escenario, jamás amaga con dar un paso atrás para ceder su lugar a los demás actores. Como una cotorra de un metro ochenta, Ali no deja de gritar que él es el centro del escenario. «Ven y agárrame, idiota —dice—. No puedes porque no sabes quién soy. No sabes *dónde* estoy. Soy inteligencia humana y tú ni siquiera estás seguro de si soy el bien o el mal». Este ha sido su mensaje esencial para América durante todos estos años. Para nuestra mentalidad americana es intolerable que esta figura, con toda probabilidad la más importante después del presidente, nos resulte sencillamente incomprensible, pues no sabemos si estamos ante un demonio o ante un santo. ¡O ante las dos cosas! Richard Nixon al menos parece comprensible. Podemos odiarlo o votar por él, pero en su caso por lo menos discrepamos unos de otros. Lo intolerable respecto al hombre también conocido como Cassius Clay es que con él la discrepancia se produce en nosotros mismos. Ali provoca fascinación, lo que implica que la atracción y el rechazo necesariamente forman parte del mismo paquete. Y Ali es también una fuente de obsesión: cuanto menos queramos pensar en él, mayor será nuestra propensión a hacerlo. ¿Por qué? Porque Ali es el Mayor Ego de toda Norteamérica. Y es también, como intentaré demostrar, la encarnación de la inteligencia humana más inmediata que se haya visto hasta hoy. Ali es el espíritu mismo del siglo XX, el príncipe del hombre de masas. El príncipe de los medios. Ahora mismo, quizás temporalmente, se trata de un príncipe derrocado. Pero aun así, comprenderlo o intentar comprenderlo podría provocar una hecatombe de ansiedad, pues la obsesión es una enfermedad. Veinte pequeñas obsesiones equivalen a veinte sanguijuelas adheridas a la mente, pero una gran obsesión, si rehusamos a vivir con ella, puede convertirse en una gran operación quirúrgica. Si en el combate de revancha logra vencer a Joe Frazier, Muhammad Ali se convertirá en la gran obsesión nacional y lo elegiremos presidente. Uno no podría dejar de votar a un hombre que, no contento con haber vencido a un contrincante tan grandioso como Joe Frazier, sea además Muhammad Ali. ¡Menuda combinación!

Sí, el ego, ese ejercicio diligente y a veces eficaz de ignorancia-entendida-como-autoridad, es seguramente el fenómeno más importante del siglo XX, más allá de que a los patriotas de este país les guste fingir que sus héroes carecen de él (lo cual, desde luego, forma parte de las sagradas leyes del juego americano). La más monstruosa exhibición de ego realizada por un hombre en muchos años fue la serie de tres golpes que Alan Shepard le dio a una pelota de golf sobre la superficie de la Luna. Allí, enfundado en un traje espacial, con dificultades para mantener el equilibrio, adhirió la cabeza de un palo de golf a un mango multifucional. Obligado como estaba a hacer el *swing* con una sola mano, apenas había conseguido enterrar la pelota tras los dos primeros intentos. Al tercero, sin embargo, la bola recorrió unos ochocientos metros, una distancia nada asombrosa en un campo gravitatorio tan bajo como el de la esfera lunar.

—¿Qué te resulta tan molesto de esa anécdota? —preguntó un simpático personaje de la *jet-set* americana.

Aquarius, de la vieja escuela, respondió magnánimo:

—¿Tú te llevarías una pelota de golf a la catedral de St. Patrick's para ver hasta dónde puedes mandarla de un golpe?

El chico asintió con la cabeza y dijo:

—Visto así, supongo que tienes razón, pero lo cierto es que al verlo me emocioné. Le dije a mi esposa: «Cariño, estamos jugando al golf en la Luna».

Pues bien, para el aficionado común al boxeo, Cassius Clay ha sido como jugar al golf en la Luna. ¿Se puede comprender la enorme cantidad de ego que esto implica? Cada boxeador se halla en un vórtice con su propio ego. Por poner un ejemplo, el boxeo está lleno de anécdotas sobre púgiles que se encuentran con una chica en un ascensor atascado a propósito entre dos plantas durante un par de minutos la misma tarde de un combate crucial. Luego, tras echar a perder la pelea, el iracundo representante le rompe los tímpanos al boxeador: «¿Estás loco? —le pregunta—. ¿Por qué lo has hecho?». Y el boxeador responde: «Porque todas las tardes sufro de unos terribles dolores de cabeza y solo puede aliviarme una chica que sepa cómo hacerlo».

El Ego apunta hacia cierta conclusión a la que se está obligado a llegar sin saber demasiado sobre el terreno que hay que atravesar. Uno se desvive para llegar más lejos aún. Cada boxeador profesional debe tener, entonces, un enorme ego, pues su objetivo es derribar a un hombre del que no sabe demasiado. El boxeador es inmisericorde —la falta de compasión es la base del ego— y domina las técnicas —que son las alas del ego—. Lo que distingue el noble ego de los boxeadores profesionales del ego más ruin de los escritores es que los primeros viven experiencias en el *ring* que a veces resultan grandiosas, incomunicables, solo comprensibles para otros boxeadores que han alcanzado un nivel similar o para mujeres que han tenido que vivir cada minuto de un angustioso parto: experiencias que son, en último término, misteriosas. Como cuando los hombres escalan montañas, se trata de un ejercicio del ego que se transforma en algo espiritual —del mismo modo en que la tecnología puede haber empezado a trascenderse a partir de nuestra llegada a la Luna—. Así, dos grandes boxeadores en un gran combate navegan por los ríos subterráneos de la extenuación y escalan los picos de la agonía, vislumbran la luz de su propia muerte en los ojos del contrincante, alcanzan las encrucijadas de la elección más atroz del karma cuando se levantan de la lona, resistiéndose a la dulce atracción de las vertiginosas catacumbas de la pérdida de la conciencia. Lo que ocurre es que no los vemos así porque los boxeadores no son en esencia hombres de discursos. Y este es el siglo de las palabras, los números y los símbolos. Demasiado.

Hemos llegado a la cuestión central. Existen otros lenguajes ajenos a las palabras, lenguajes de símbolos y lenguajes de la naturaleza. Existen lenguajes del cuerpo. Y el boxeo profesional es uno de ellos. No hay forma de llegar a comprender a un boxeador a menos que se esté dispuesto a reconocer que habla mediante un control corporal tan objetivo, sutil y aprehensible en su inteligencia como cualquier ejercicio mental emprendido por un ingeniero social como Herman Kahn o Henry Kissinger. Desde luego, sabemos que la masa corporal de un hombre como Herman Kahn ronda los ciento cincuenta kilos. Digamos que sus pies no conocen la levedad. Y aunque es difícil hallar un buen boxeador profesional que sea particularmente locuaz, incluso entre los menos castigados, eso no significa que sean incapaces de expresarse mediante su cuerpo con astucia, estilo y una especial noción estética de la sorpresa mientras boxean, del mismo modo que la obesidad de Kahn no nos impide reconocer la fortaleza de su mente. El boxeo es un diálogo entre cuerpos. Hombres ignorantes, a menudo negros, a menudo casi analfabetos, se comunican entre sí en un juego de *intercambios conversacionales* que se adentran en el corazón mismo de la *materia* del otro. La única diferencia es que conversan con su físico. Y a menos que no estemos dispuestos a creer que un comentario incisivo puede provocar una herida mortal, necesariamente habrá que aceptar la novedosa idea de que dos hombres que boxean amistosamente mantienen una conversación. Una conversación que a menudo resulta fructífera para ambos contendientes. Si una tarde William Buckley y yo nos encerráramos a charlar en una habitación seguramente habría un buen intercambio de golpes, y resultaría divertido. Es posible que si discutiéramos en la televisión, donde podría haber algo más en juego, aun así llegáramos a disfrutarlo. Pero encerradnos en una salón de actos para discutir un tema sin descanso durante veinticuatro horas, incitadnos en todo momento a humillar al contrario, con meses de preparación para el debate, bombardeos publicitarios, despliegue mediático, afilando la lengua contra el otro en la televisión, las repercusiones en Vietnam dependiendo de quién venza, y añadid a ello la fatiga de los grandes reflectores y un moderador que no deja de interrumpirnos: solo entonces estaremos a las puertas de una conversación en la que al menos uno de nosotros, y quizá los dos, saldrá herido. Incluso gravemente herido. No obstante, el ejemplo es una minucia comparado con lo que exige un combate a quince asaltos —quizás el debate tendría que prolongarse durante semanas, en esas condiciones y sin interrupción, hasta que alguno de nosotros acabara grogui—. Ahora el ejemplo se hace más claro: el boxeo es un debate fugaz entre dos inteligencias. Ocurre muy rápido porque se ejecuta con el cuerpo y no con la mente. Para que no parezca exagerado, podemos poner un ejemplo. En su infancia, Picasso nunca pudo con las matemáticas porque el número siete le parecía una nariz invertida. De modo que aprender matemáticas habría significado un retardo para él. Picasso era entonces un futuro pintor, su inteligencia residía en algún lugar de la coordinación entre el cuerpo y la mente. Él nunca hubiera interrumpido esa coordinación por aprender a sumar. Sin embargo, eso es lo que muchos de nosotros hacemos. Tenemos mentes que funcionan bastante bien y cuerpos que, en ocasiones, no responden como quisiéramos. Si uno es blanco y quiere sentirse cómodo, lo que hace es poner todo el énfasis en aprender a hablar con la mente. Pero en las culturas de los guetos, los negros, puertorriqueños y chicanos, al tener menos expectativas respecto al confort, tienden a aferrarse a la sabiduría que les proporciona su cuerpo. Hablan con sus cuerpos, usan la ropa para enviar señales. Se comunican con distintas variantes de una silenciosa inteligencia telepática. Y sin duda se sienten frustrados al ser incapaces de expresar en palabras los matices de su estado de ánimo, tal como el blanco promedio de clase media se siente incapaz de hacer realidad sus sueños de gloria mediante el uso de su cuerpo. En todo caso, así como la gente negra ha empezado a hablar con auténtico vigor nuestra mezcla de inglés formal y jerga sucia, la América blanca oficial se va volviendo más sexual y atlética. No obstante, antes de empezar a hablar de Ali y Frazier, de sus psiques, de sus estilos, de su honor, de su carácter, de su grandeza y de sus debilidades, debemos reconocer que sería inútil intentar comprenderlos como lo haríamos con hombres que se parezcan a nosotros. Solo podemos intuir lo que ocurre en su interior mediante un salto de la imaginación que nos permita acceder a la ciencia inventada por Ali. Pues Ali es y será siempre el primer psicólogo del cuerpo.

BIEN. HAY UN TIPO DE BOXEADOR QUE PODRÍAMOS describir como ese gran hombre entre los hombres. Rocky Marciano era uno de ellos. Óscar Bonavena, Jerry Quarry, George Chuvalo, Gene Fullmer, Carmen Basilio, por nombrar a unos pocos, poseen la clase de rostro que haría retroceder a cualquier sargento de los Marines en una trifulca de bar. Tienen pinta de que podrían noquearte solo con el fragmento de hueso que les queda por nariz. Casualmente, todos ellos son boxeadores blancos. Tienen su código: pelear hasta caer. Y si dar un puñetazo les supone recibir otro, aun así, siempre dan por hecho que ganarán. Su inteligencia corporal y su ego están conectados a una única fuente de fluidos: su orgullo masculino. Son sustancias cercanas a la consistencia de la roca. Trabajan sin parar en sus torpes técnicas para pulir y perfeccionar esa sustancia, a sabiendas de que ganarán si logran cierta paridad, golpe por golpe con cualquier oponente. Tienen más agallas que el contrario. Podríamos decir que, hasta un punto bastante fuera de lo común, el dolor es su placer, pues su carácter en el combate consiste en poseer suficiente fuerza para negociar dolor por dolor, pérdida de facultades por pérdida de facultades.

Hay algunos boxeadores negros que encajan en esa categoría. Henry Hank y Reuben Carter, Emile Griffith y Benny Paret. Joe Frazier es tal vez el mejor de todos ellos. Pero los boxeadores negros suelen ser más complejos. Tienen reservas de insospechada fortaleza y arrebatos de éxtasis propios de un caballo salvaje. Cualquier promotor del mundo sabría que Fullmer contra Basilio sería un buen combate. Dinero seguro como el pan de cada día. Pero los boxeadores negros son artistas, sujetos hasta cierto punto a los cambios de humor, llenos de sorpresas como Patterson o Liston, virtuosos como Archie Moore y Sugar Ray, veloces, salvajes y curiosamente faltos de sustancia como Jimmy Ellis, o con la vertiginosa neurosis de gigantes de un Buster Mathis. Incluso Joe Louis, reconocido por la mayoría durante sus años de campeón como el mejor peso pesado de todos los tiempos, se mostraba sorprendentemente inconsistente frente a boxeadores menores como Buddy Baer. Parte de la incertidumbre que generaban las actuaciones de estos púgiles residía en el hecho de que todos, excepto Moore y Robinson, eran pesos pesados. No es menos cierto que los campeones blancos de la categoría superior también perdían la forma de una pelea a otra. Podría decirse que los pesos pesados son los más lunáticos de todos los boxeadores. Cuanto más se acercan al título de campeón, más natural es que asuman una pequeña locura secreta, pues el campeón de los pesos pesados bien puede ser considerado el hombre más fuerte del mundo. Y es muy posible que en efecto lo sea. Es como convertirse en el pulgar de Dios. No hay nada con lo que se le pueda comparar. Los pesos ligeros, los pesos *welter*, los pesos medios, todos ellos pueden ser excepcionalmente buenos, talentosos hasta el prodigio. Pero no dejan de ocupar su sitio. El mejor peso ligero del mundo sabe que un peso medio mediocre lo vencería en casi cualquier velada, y que el mejor peso medio del mundo podría matarlo en cada velada. Sabe que el fortachón más grande de cualquier bar de tipos duros lo reduciría con solo sentarse encima de él, pues la pegada parece aumentar exponencialmente en relación al peso. La fuerza con que golpea un boxeador de cien kilos es más del doble de la fuerza con que golpea un boxeador de cincuenta. Estos cálculos no tienen una base real, desde luego. Están ahí solo para indicar la ley del cuadrilátero: el hombre grande vence al pequeño. De modo que lo más probable es que el concepto del boxeador profesional entendido como artesano laborioso solo se dé entre los pesos ligeros y medios. Dado que conocen sus limitaciones, lo más seguro es que luchen por la excelencia dentro de su categoría. A medida que mejoran, más se acercan a la cordura, a poco que estemos dispuestos a creer que el boxeador promedio es un artista en bruto; en otras palabras, un artista del cuerpo con una enorme carga de violencia en su interior. Obviamente, cuanto más mejoren, cuantos más éxitos cosechen, tanto más incrementará su capacidad para transmutar la violencia en habilidad, disciplina e, incluso, arte: alquimia humana. Los respetamos. Y merecen nuestro respeto.

En cambio, un peso pesado jamás demuestra una cordura tan simple. Cuando se alzan con el título de campeón, empiezan a tener vidas interiores comparables a la de Hemingway, Dostoievski, Tolstoi, Faulkner, Joyce, Melville, Conrad, Lawrence o Proust. Hemingway es el máximo exponente. Dado que pretendía ser el mayor escritor de toda la historia de la literatura sin renunciar por ello a ser un héroe, con todas las artes corporales que la edad le permitiera desarrollar, Hemingway estaba solo y lo sabía. Del mismo modo, los pesos pesados están solos. Dempsey estaba solo y Tunney nunca fue capaz de entenderse a sí mismo, Sharkey jamás creyó en sí mismo y otro tanto les ocurrió a Schmeling y a Braddock, mientras que Carnera era melancólico y Baer un payaso indescifrable. El silencio de un gran peso pesado como Louis dejaba entrever una soledad inconmensurable. Y un hombre como Marciano se mostraba perplejo ante un poder que parecía haberle sido concedido como un don. No obstante, con la llegada de los pesos pesados negros modernos —Patterson, Liston, luego Clay y Frazier—, quizás la soledad fue reemplazada por aquello contra lo que se había estado protegiendo: una situación surrealista e inestable que rebasaba los límites de lo verosímil. Ser un campeón de los pesos pesados negro en la segunda mitad del siglo XX (con montones de revoluciones negras abiertas a lo largo y ancho del planeta) no distaba mucho de ser una combinación entre Jack Johnson, Malcolm X y Frank Costello, todos en uno.

Recorrer el pasillo antes de llegar al *ring* en Chicago debió de ser mucho más aterrador para Sonny Liston que el propio enfrentamiento contra Patterson aquella velada, expuesto como un cable pelado, con su sensación de revancha cultivada durante tantos años de trato carcelario y empleos miserables. Oleadas de paranoia debieron de alcanzarlo como un calidoscopio provenientes de las cuatro esquinas del coliseo. Era un hombre que a duras penas sabía leer y escribir. No estaba sometido a esa mediocre y efectista desinformación mundial de los aburridos diarios que coagula la antena de los sentidos, así que era especialmente sensible a cada muestra de odio que recibía. Sabía que había asesinos entre aquella muchedumbre, siempre los había, él mismo había tenido que tratar alguna vez con esos sujetos. Solo que ahora él se atrevía a proclamarse rey. Cualquier asesino habría exigido venganza por actos que el propio Liston había superado hacía mucho tiempo. No es de extrañar que Liston se mostrara más contento dentro del cuadrilátero que de camino a él.

Patterson estaba exhausto ya antes del inicio del combate. Durante años había sido un hombre solitario como un monje, con su rutina de gimnasio como meditación. Patterson fue el primero de los boxeadores negros en ser considerado y luego usado como una fuerza política. Se codeaba con la élite liberal y era muy apreciado por Eleanor Roosevelt. Para la NAACP, Asociación Nacional para el Progreso de la Gente de Color, era una fuente de popularidad política. Violento, posiblemente hasta el extremo del asesinato de no haber sido un boxeador, en público Patterson era un caballero. Es más, era un tipo sumamente agradable, discreto, prudente y de buenas maneras, aunque de inclinación monástica. Ahora bien, refinado como era, la negritud politizada le exigía ganar el combate contra Liston en nombre de la imagen del Negro. La responsabilidad recayó sobre él como en una de esas secuencias cómicas del cine mudo en las que, cada cierto tiempo, aparece un pobre hombre a quien le han encargado sujetar una viga sobre sus hombros. Ahí se queda, sin apenas moverse. Al final de la película se desploma. Ese fue el peso que tuvo que soportar Patterson. La responsabilidad de vencer a Liston fue algo sencillamente insoportable. Patterson, un boxeador honesto e incorruptible, cayó noqueado bajo una lluvia de puñetazos que casi nadie alcanzó a ver. Se desplomó en el aire como sorprendido por un rayo. Había comenzado la era de los combates surrealistas. En la segunda pelea contra Liston, más pendiente de sus nervios ante la posibilidad de que la pesadilla se repitiera, Patterson simplemente se abalanzó sobre su oponente con la guardia baja. Cayó derribado tres veces en el primer asalto y perdió por *knock-out*. La era de la psicología corporal había comenzado. Y Clay estaba allí para darle forma.

Un jovencito pulcro, salvaje y ruidoso, con pinta de presidente de fraternidad de una universidad modesta, vestido con pajarita, zapatos de dos colores, blanco y marrón, simpático, despreocupado, estridente, asistió al segundo combate entre Patterson y Liston en Las Vegas. Parecía un niño de papá rodeado por un círculo de tías obsequiosas. En efecto, un grupo compuesto por las mujeres negras con más clase de toda América estaba siempre acompañándolo por la ciudad, como en un intento de crear un campo protector femenino contra cualquier fuerza magnética negra que se avecinara. Y desde el santuario de su habilidad para moverse entre las mesas de juego como un gatito escurridizo, el joven se dedicó a provocar a la Negra Majestad del gigantón Liston, antes y después del combate.

—Eres tan feo —se burló, a salvo tras la mesa de juego que se interponía entre los dos—, eres tan feo que no sé cómo podrías llegar a ser aún más feo.

—¿Por qué no te sientas en mis rodillas para que te dé el biberón? —contestó atropelladamente Liston.

—No me insultes o lo lamentarás. No eres más que un oso, un oso feo y lento.

Entonces amagaron con llegar a las manos. Hombres de menor talla los sujetaron sin mayor esfuerzo. En realidad, estaban allanando el terreno para el siguiente combate. Lo cierto es que en el fondo Liston sentía simpatía por Clay y se reía entre dientes cada vez que lo mencionaba. Se había pasado años noqueando a sus rivales en el primer asalto. Su carisma era una forma majestuosa de la amenaza. Imposible no contener el aliento cuando se estaba cerca de él. Con evidente regocijo, Liston no podía esperar el momento de arrinconar a Clay y ver una expresión de horror en aquella cara simplona. Entrenó en Miami para un combate a tres asaltos. En el famoso quinto *round,* Clay, que había saltado a la lona con ácido cáustico en los ojos, prácticamente a ciegas, empezó a agitar sus guantes frente a Liston, con el pánico más elemental reflejado en su cara, como diciendo: «Tu hermano menor se ha convertido en un mendigo ciego, no lo golpees». Y lo hizo con una peculiar autoridad, pues Clay parecía un fantasma con sus ojos cerrados, las lágrimas cayendo por su rostro, los puños agitándose de un lado a otro como las súplicas de una viuda. Liston se apartó dubitativo, perplejo, posiblemente preocupado por su nueva gran reputación de ex matón. Reaccionó como un caballero y Clay pudo regresar a su esquina indemne. Sus ojos lagrimearon hasta

expulsar el ácido y recuperó la vista. Liston aguantó hasta el sexto. Derrotado y exhausto, no consiguió levantarse con la campana que marcaba el inicio del séptimo. No obstante, es posible que Clay hubiera vencido a Liston mucho antes, durante el pesaje, donde no hizo más que provocarlo, gritar, aullar, silbar y hasta sacarle la lengua. El campeón estaba perplejo. En los últimos cuatro años nadie se había atrevido siquiera a mirarlo a los ojos. Ahora tenía delante a un muchacho que le chillaba, un muchacho que, según decían, era musulmán. No, peor aún, un muchacho que gozaba de la bendición de Malcolm X, valiente entre los valientes, el hombre capaz de detener una bala cada día. Liston, que, según él mismo declarara, solo temía a los locos, le tenía miedo a los musulmanes, pues era incapaz de concebir su solidaridad en prisión, su puritanismo, su disciplina, sus rangos marciales. La combinación era

demasiado compleja, demasiado excepcional. Ahora el chico de los musulmanes, en un rapto de terror
o de coraje, le lanzaba gritos durante el pesaje. Liston se sentó y meneó la cabeza, miró a los periodistas e, intentando granjearse su complicidad, hizo
girar el dedo índice alrededor de la oreja como
diciendo: «Aquí entre nos, amigos blancos, ese chico negro de ahí está como una cabra». Así, Clay
puso a Liston en el papel del Tío Tom. Bastó ver que
el primer *jab* lanzado por Liston pasaba a casi
medio metro de Clay para saber que aquella no
sería una velada cualquiera.

Para el combate de revancha en Boston, Liston
entrenó como nunca antes lo había hecho. A Clay
le salió una hernia. Liston siguió entrenando. A
medida que un boxeador envejece, el entrenamiento duro parece un anuncio de que las mejores células de los órganos más preciados han ido
muriendo sin remedio. Los boxeadores mayores
reaccionan al entrenamiento como las mujeres
hermosas ante la perspectiva de fregar el suelo.
Pero Liston lo hizo dos veces, una cuando a Clay le
salió la hernia y otra para el combate de Maine,
solo que en esta ocasión el entrenamiento acabó
envejeciéndolo aún más como boxeador. Su *sparring*, Amos Lincoln, era uno de los mejores pesos

pesados de todo el país. Cada tarde en el gimnasio se libraba una auténtica batalla. El día antes del combate con Clay, Liston estaba relajado, somnoliento y anestesiado, como recién salido de un baño turco. Se había dejado la piel en los entrenamientos y lo había hecho por la presión de Clay, que no dejó de decirle al mundo que Liston era viejo y lento y que no tenía ninguna posibilidad de ganar. Aquel combate fue un escándalo, pues Liston se encontró en el primer asalto con un puñetazo corto que lo mandó a la lona, incapaz de escuchar la cuenta atrás. El árbitro y el cronometrador se malentendían por señas mientras Clay, de pie frente a un Liston derrotado, gritaba: «¡Levántate y pelea!». No fue una velada de boxeo. Fue una tragedia para Clay, que se había entrenado para un combate largo y complicado; había desarrollado su técnica para un encuentro por todo lo alto con Liston y, pese a todo, se quedó sin respuestas para un montón de preguntas, incluyendo una que él mismo nunca hubiera aceptado formularse: si se había tratado de la magia de un *knock-out* auténtico producido por sus puños o si Liston, quién sabe por qué variedad de motivos, había tomado la decisión consciente de quedarse en la lona. Aquello no le hizo ningún bien a Clay.

TODAS LAS LECCIONES LAS HABÍA APRENDIDO A LO LARGO de su peculiar vida y a través de una comprensión asombrosamente profunda de las motivaciones de su gente. De hecho, se podrían plantear las bases de una Psicología de los Negros estudiando sus encuentros con otros boxeadores de su misma raza. Clay había traducido su experiencia en una técnica casi sin parangón. Una técnica de lo más refinada. Clay no creció en la miseria. Su madre era una agraciada mujer de piel clara, y su padre, un hombre con un sentido del humor corrosivo, muy orgulloso del apellido Clay —eran descendientes nada menos que de Henry Clay, el orador, por el lado blanco de la familia—. Cassius empezó a boxear a los doce años en un gimnasio de la policía y, dado que siempre supo cómo usar sus atributos físicos, desde el principio fue un fenómeno del estilo y la resistencia al dolor. Alto, relativamente liviano, con un alcance de los puños excepcionalmente largo incluso en relación a su tamaño, Clay desarrolló recursos defensivos que lo llevaron a obtener el mejor rendimiento posible de su cuerpo. Basado, según parece, en la premisa de que hay algo obsceno en el hecho de encajar un golpe, boxeaba con la cabeza inclinada hacia atrás y, como un niño callejero que se avergüenza si recibe un puñetazo, estaba listo para retirarla aún más cuando lo atacaban. Y dado que su cintura era mucho más flexible que el cuello de casi todos los boxeadores, podía permitirse pelear sin cubrirse la cara, lo cual le permitía examinar a su rival y evitar los golpes gracias a la velocidad de sus pies, los reflejos de su cintura y el alcance, largo y letal, de unos brazos que no dejaban de tantear al contrario para hacerle perder el equilibrio. A ello hay que añadir su comprensión psicológica de la vanidad y la confusión de los rivales. Un hombre en el *ring* es un actor y un gladiador. Con una técnica elaborada desde los doce años, Clay sabía cómo hacer que el oponente se sintiera ridículo, obligándolo de este modo a cometer errores cruciales. Sabía cómo imponer esa tónica desde el primer asalto. Con el paso del tiempo incluso aprendería cómo imponérsela al rival hasta con un año de antelación. Sabía que un boxeador enredado en una maraña psicológica puede llegar a perder la mitad, tres cuartos o incluso la pelea completa mucho antes de recibir el primer golpe. Esa es la psicología del cuerpo.

Ahora bien, no olvidemos su excepcional habilidad en la pegada. Clay sabía que la simple administración sistemática de golpes fuertes es poco efectiva. Hay boxeadores que son como armadillos y lagartos. Te puedes hartar de darles puñetazos y nunca se desploman. Solo es posible quebrantar su voluntad si están en un profundo estado de confusión, y hay que tener en cuenta que para ellos el bombardeo de los puños del rival no es una fuente de confusión, sino de certezas. Así que Clay los golpeaba con una variedad de intensidades mezcladas mucho más amplia que la que podía emplear cualquier otro boxeador. Jugaba con los golpes, podía ser tierno con ellos, los aplicaba con la delicadeza de quien pega una estampilla en un sobre, luego los descargaba como relámpagos, soltaba un *jab* furibundo que se dejaba sentir como un bate de béisbol en plena dentadura, a continuación te hacía bailar el vals cuerpo a cuerpo con un brazo afectuoso alrededor de tu cuello, antes de ponerse fuera de alcance volando sobre sus ligeros pies, momento en que lanzaba un gancho a las costillas girando como un bateador al golpear la bola, una sucesión de fuertes *jabs* a la cara, una burlona ráfaga de almohadazos, un despiadado antebrazo que te impide recuperar la compostura, un nuevo forcejeo cruel con tu cuello en el cuerpo a cuerpo para volver a escurrirse, y esos guantes que no dejan de lamerte la cara como lenguas de serpiente, como látigos. Para el momento en que Clay había vencido por primera vez a Liston y se entrenaba para el segundo combate, para el momento en que Clay, nuevo campeón, rebautizado como Muhammad Ali y, lo que es más importante, convertido rápida y no tan misteriosamente (después del potente caldo para el ego que significó su viaje al África musulmana) en un Príncipe Negro, en un Noble para su pueblo, en un nuevo Rey de la Polémica, para aquel entonces, Clay —a partir de ahora nos parecerá más natural llamarlo Ali, pues el Príncipe se comporta en gran medida como un joven dios—, Muhammad Ali, Campeón Mundial de los Pesos Pesados, tras regresar a su país con el sorprendente compromiso de ser un líder para su gente, empezó a entrenar para el segundo combate contra Liston con un nuevo bagaje: su compromiso y una comprensión genial de las auténticas sutilezas de la Ciencia de los Puñetazos. Solía alternar los mejores *sparrings* con los más vulgares, trabajaba en asaltos de una velocidad asombrosa con Jimmy Ellis —quien más tarde se haría con el título de campeón antes de que Frazier lo noqueara—, asaltos en los que exhibía la plasticidad estética del boxeo en todo su esplendor, luego se echaba contra las cuerdas con otros *sparrings,* protegiendo los costados como si se tratara del undécimo o decimotercer *round* de una pelea extenuante y atroz contra Liston, una pelea en la que estuviera demasiado cansado para mantener los brazos en alto y apenas pudiera limitarse a encajar puñetazos en el estómago, girando para recibirlos, amortiguándolos con el abdomen, reculando para absorberlos, deslizándose sobre las cuerdas, desorientando a su *sparring* con movimientos de sus exangües brazos que no por pasivos resultaban menos desconcertantes. Durante uno o dos minutos, el *sparring* —Shotgun Sheldon era su nombre— bombardeaba el estómago de Ali como si el propio Liston estuviera destrozándolo en los asaltos finales y Ali se bamboleaba, lánguido, inclinando el pescuezo para evitar los ocasionales ataques al rostro, rebotando entre las cuerdas y los puñetazos, entre los puñetazos y las cuerdas, como si todo su cuerpo se hubiera transformado en un enorme guante de boxeo capaz de absorber el castigo, penetrando así en una concepción más radical del dolor, como si el dolor dejara de ser tal cosa por el solo hecho de aceptarlo con un corazón despojado de angustia. En efecto, Ali se dejaba machacar en las cuerdas por las poderosas embestidas de Shotgun Sheldon con una expresión ausente, siguiendo hasta la última ruta de cada golpe en el interior de sus nervios como un hombre que, aferrado al asidero en el metro, intentara descifrar la repercusión que tendrá en el mercado de valores un curioso movimiento accionarial que acaba de leer en el periódico. Ali se relajaba en las cuerdas y recibía los puñetazos en el estómago con un ligero desdén, como si estos golpes, ciertamente extraños, no fueran lo bastante profundos. Y al cabo de uno o dos minutos, tras haber ofrecido su cuerpo como quien ofrece la piel de un tambor al solo de un tamborilero loco, Ali despertaba de repente de su comunión consigo mismo y empezaba a disparar su artillería de puñetazos sutiles y lacerantes. Como las luces en la superficie del agua, el espejismo de Ali deslumbraba a su *sparring*, que, con los brazos caídos y castigado, se quedaba mirándolo con ojos de entrega, de total admiración. Y si alguien tuviera que llorar alguna vez al presenciar el entrenamiento de un boxeador, este sería el momento oportuno, pues Ali mostraba entonces la concentración distante y el desdén de un artista que no encuentra a nadie lo bastante bueno en los alrededores para obligarlo a comprometerse con su arte, mientras, por otro lado, no deja de perfeccionar su esencia, que no es otra que, inevitable, secretamente, seducir al rival. Bundini, un entrenador especial, un álter ego con el mismo talento oratorio, con la misma astucia ruda, demoníaca e imparable del propio Ali —incluso se le parece un poco—, solía lloriquear sin tapujos cuando observaba estas maniobras.

Una vez terminada la sesión de entrenamiento, Ali daba su clase magistral, su lección para la prensa. Mirando más allá de su defensa del título contra Liston, hablaba de lo que le haría a Patterson, se burlaba de Patterson, le llamaba conejo, conejo del hombre blanco, a sabiendas de que estaba poniendo un nuevo lastre sobre los hombros de aquel hombre, un pesado lastre, un lastre de rabia e impotencia desorbitada, un lastre de miedo, de furia sin esperanza, y por supuesto fomentaba así una secreta y negra admiración hacia la fuerza suprema de su insolencia. Y un instante después podía ser encantador como una seductora estrella de cine que se dirige con ternura a un niño. Ali es Narciso y es también el atractivo reflejo sobre el agua que le servía de espejo. Era como si él supiera que ya se había deshecho de Patterson, que el ataque puntual de llamarlo conejo bastaría para romper, dondequiera que estuviese, el eslabón más débil de la tensa y atormentada psique de Patterson, y que Patterson acabaría rompiéndose sin demasiado esfuerzo, como de hecho ocurrió cuando la pelea tuvo lugar.

Patterson se lastimó la espalda en los primeros asaltos y tuvo que pelear dolorido, incómodo, medio lisiado como un enfermo de ciática durante once valientes y desesperados asaltos, antes de que el árbitro detuviera el combate. Ali, que se estaba divorciando de su primera mujer, fue muy desagradable en el *ring* aquella noche, haciendo muecas horribles de desprecio, esforzándose al máximo para convertirse en la celebridad americana más odiada. Aunque, claro, eso también formaba parte de su arte: llevar al público hasta un odio tan extremo que la presión sobre el rival se acercara a lo metafísico, que era donde Ali quería tenerlo. Aquellos boxeadores blancos de facciones de piedra recubierta de hormigón armado negociaban golpe por golpe. Ali prefería poner al boxeo en su sitio y negociaba metafísica por metafísica con cualquier rival.

De modo que siguió ganando las peleas y volviéndose cada vez más impopular. Así es como Ali consiguió caldear los ánimos del boxeo blanco tradicional, un medio controlado por una panda de borrachos inveterados y maleantes corruptos, listos para organizar un combate a cambio de cualquier sucio centavo, y de paso saldar algún delito ocasional obligando a los boxeadores a poner cara de sobrios en congregaciones parroquiales y desayunos de caridad en las iglesias. «Todo lo que soy se lo debo al boxeo», balbuceaba entonces el boxeador de turno entre dientes, mientras una nube de ginebra, ajo y la chica angelical de la noche anterior se esfumaba en la radiante bruma matutina.

Ali los controló a todos con el poder de su mente. Pasó de largo por el lóbrego corredor de los negocios sucios y atractivos, pasó de largo por la humareda de puros caros y la palabrería, la hipocresía y las palmaditas en la espalda, pasó de largo por los políticos corruptos y la pus patriotera; pasó como un láser, en el filo, sutil e impersonal, y cortó hasta el corazón mismo de la carne más podrida del boxeo. Pues no olvidemos que el boxeo fue siempre como un Vietnam del Sur oculto para Norteamérica, enterrado durante cincuenta años en nuestra guarida hasta que fuimos a la guerra. Sí, Ali pasó de largo por los saludos a la bandera en las madrugadas de resaca, y dijo: «A mí el Vietcong ese no me ha hecho nada». Entonces decidieron hundirlo y lo sometieron a un martirio de tres años y medio. Y en ese martirio creció. Creció hasta desarrollar un poco de grasa alrededor de la cintura y un poco de la sólida indiferencia de las ostras alrededor de su ego monumental. También se volvió más agudo mentalmente, más profundo y más ancho en su físico. Ya no parecía un niño, sino un hombre curtido, casi pesado, con el inicio de lo que sería una enorme espalda. Desarrolló la paciencia necesaria para sobrevivir, la sabiduría para contemplar las noches que pasaría en prisión, maduró para cultivar la suspensión del juicio y el rechazo a la falta de fe. ¡Qué prueba para un hombre tan joven! Y a medida que pasaban los años de espera para el fin de la sanción, mientras esquivaba la cárcel, Ali anduvo por la cuerda floja, entre la amargura y la apatía. Y aun así conservaba más que suficiente para vencer a Quarry y a Bonavena. A Quarry tras un vendaval de cientos de puñetazos fallidos, falto como estaba de ritmo. Lo venció con un calculado latigazo, una de sus lenguas de serpiente, directo a la esponja corrugada de carne muerta sobre los ojos irlandeses de Quarry: detuvieron la pelea tras el tercer asalto por los cortes. Luego noqueó a Bonavena, el indestructible, invicto, ejecutando su arte de mezclar distintos puñetazos sobre las duras facciones de su rival. Algunos de los golpes que Ali lanzó aquella noche no le habrían hecho daño ni a un niño, pero el puño que sacó en el decimoquinto surgió como una bola incandescente del espacio exterior. Bonavena dio tumbos por todo el *ring*. Era como una casa a punto de derrumbarse.

que significaría su posterior derrota. En el combate con Bonavena, a Ali se lo vio cansado, opaco, impreciso, lento, muy por encima a los puntos pero sin la seriedad del trabajo que más adelante necesitaría para vencer a Frazier. Aquel puñetazo del último asalto, por tanto, debió incentivar su fe en que las fuerzas mágicas estaban de su parte, listas para ser convocadas en caso de necesidad, que las silenciosas oleadas de apoyo negro para su causa —una causa que era también la de los negros— serían un manto de terciopelo a medianoche, que todo aquello estaría ahí para protegerlo con sangre negra, con el sentido negro de lo trágico, con la conciencia negra de que la culpa del mundo se había transformado en la bisagra de una puerta que ellos no tardarían en abrir. Y que así se allanaría el camino directo a la mandíbula de Frazier, que los negros abrirían el pasillo que lo acabaría conduciendo hasta los dioses.

Así que Ali no entrenó para enfrentarse a Frazier como quizás hubiera debido. Corría tres millas al día cuando tal vez debería haber corrido cinco, boxeaba unos cuantos días y se tomaba uno o a veces dos libres, estaba relajado, confiado, disfrutaba del benévolo sol invernal de Miami y saltaba a la comba en un gimnasio abarrotado de boxeadores ansiosos por dejarse ver, mientras Ali, cómodo y tranquilo como la más grandiosa estrella de cine, interpretaba el papel del joven púgil entrenando con el saco en un rincón del gimnasio, porque, evidentemente, todos los ojos estaban puestos en él. Luego hacía unos abdominales entre bastidores y, tras hacerse untar el torso con linimento, hablaba con los periodistas. Estaba plenamente convencido de que no había ningún boxeador negro al que no pudiera comprender hasta la raíz de las arterias de su corazón, y desde luego, vencer a Frazier, les anunciaba a todos, sería más fácil de lo que ellos creían. Como un joven que ha crecido para asumir una montaña de responsabilidades, hablaba desde la profunda relajación de la sabiduría y bromeaba con dos de los periodistas presentes en el gimnasio, dos hombres gordos:

—Os vendría bien beber agua —decía—, agua fresca y saludable en lugar de ese licor indigesto que bebéis. —Y sonreía como un hombre capaz de haberse intoxicado con agua, aunque él era, como bien se sabe, un fanático de los refrescos—. Y tendríais que comer fruta y verdura fresca, y pollo y carne, y así perderíais peso —aconsejaba con sus pensamientos amables, discretamente burlones, antes de continuar hablando del impacto mundial de la pelea—. Sí —decía—, pensad en un estadio con un millón de personas, con diez millones de personas, todo el mundo pagaría por verlo en vivo, pero también pensad en los cientos de millones y miles de millones que verán esta pelea. Si uno pudiera reunirlos en el mismo sitio y un avión atravesara el lugar, tardaría una hora en recorrer la multitud que verá esta pelea. Es el evento más grandioso de la historia mundial. Ahora pensad en un tipo como Frazier, un buen boxeador, pero a fin de cuentas un hombre sencillo y trabajador... No está hecho para esta clase de presión. Los ojos —decía Ali suavemente— de toda esa gente pendientes de él. Yo he vivido esa clase de presión, cuando me enfrenté con Liston en Miami la primera vez. Frazier no ha pasado por eso. Se hundirá bajo la presión. No, no veo que un hombre como Frazier pueda tumbarme, no tiene cómo alcanzarme, mis brazos son demasiado largos, y si consigue llegar y mandarme a la lona, yo nunca cometeré el error de Quarry, Foster o Ellis, de arremeter enseguida contra él. Me mantendré alejado hasta que mi mente se aclare y entonces empezaré a golpear de nuevo, ¡pop!, ¡pop!, unos cuantos *jabs*. No, este hombre no tiene forma de vencerme, esta pelea será más fácil de lo que creéis.

Hay un punto en que el boxeo sigue pareciéndose a una pelea callejera, y es en la necesidad de confiar en la victoria. Un hombre que sale del bar a la calle para pelearse con otro hombre siempre intenta predisponer su mente para que confíe ciegamente en el triunfo. Esa es la facultad más misteriosa del ego: la confianza sirve de anestesia contra el dolor de los golpes y proporciona también una convicción especial para ofrecer tu mejor repertorio de golpes. La lógica del espíritu podría hacernos creer que solo se gana si uno lo merece; la lógica del ego propone el axioma de que si no crees que puedas vencer, entonces no mereces hacerlo. De hecho, muchas veces no lo mereces. Es como si al no creer a toda costa en la victoria cedieras a la sensación de que quizá no tienes derecho a vencer, de que no sería legítimo.

En ese sentido, los gimnasios son como pequeñas fábricas en las que se produce una extraña
mercancía: un ego capaz de soportar un dolor
inmenso y administrar a la vez un castigo drásti-
co. El flujo del ego de Ali se derramaba sobre la
roca de cada distracción. Era un ego similar a la co-
rriente de un río de energía inagotable, nutrido
por cientos de afluentes del amor negro y del amor
de la izquierda blanca. La estructura del ego de Joe
Frazier era de otra naturaleza. Su entrenador era
Yancey «Yank» Durham, un negro astuto de semblante altivo, pelo y bigote canosos y una panza
pequeña pero digna de un conservador, por no
hablar de la sagacidad de su mirada, capaz de
detectar a un kilómetro de distancia a cualquier
tipo que se aproximara con intenciones canalles-
cas. Sin duda tenía el rostro de un consumado
orfebre que hubiera trabajado durante años en un
diamante en bruto hasta convertirlo en una verdadera joya, sólida como un carbón proveniente
de las negras profundidades que se transmuta en
la sombra azul y deslumbrante de una singular
piedra preciosa. Qué boxeador era Frazier, qué diamante de ego tenía, y qué extraordinario entrenador era Durham.

Pero sigamos.

igual que los entrenadores de boxeo, o bien se vuelven sentimentales, o se vuelven militares. Pero en
este caso no hay lugar al equívoco. Frazier era el
equivalente humano de una máquina de guerra. Tenía dinamita en los brazos. Sus ganchos de izquierda eran formidables, unos ganchos de izquierda
que solo de verlos, incluso cuando los fallaba, pro-
ducían terror, porque parecían silbar en el aire.
También tenía una derecha poderosa. Podía noquear
a su contrincante con cualquiera de las manos, algo
reservado a unos pocos boxeadores, incluso entre
los mejores. No obstante, solía castigar a sus rivales
hasta el borde de la muerte: recibía un golpe, daba
otro, recibía tres, devolvía dos, recibía uno, daba otro,
siempre a toda velocidad, siempre en funciona-
miento, presionando con su cuerpo y sus brazos,
un poco cortos para un peso pesado, directo al tor-

so, bombardeando con todas sus fuerzas de un modo que recordaba el ímpetu de Jimmy Brown a la hora de placar contrarios en un estadio de fútbol americano. Frazier no dejaba de aproximarse, con velocidad y fortaleza, adentro, afuera, siempre buscando al hombre, al hombre, deslizarse y golpear, recibir uno, esquivar otro, martillazo. Frazier nunca era tan feliz como cuando su corazón y el del rival trazaban una línea imaginaria. Dejad que lluevan las balas, que su corazón aguantará allí hasta el final; tarde o temprano, todos los demás caerán en la refriega. Invicto, al igual que Ali, vencedor por *knock-out* en 23 de sus 26 combates, Frazier era un prodigio de fuerza, ciertamente el peso pesado más fuerte desde Rocky Marciano (si estos dos hombres se hubieran enfrentado alguna vez, habría sido como ver dos camiones Mack chocando frontalmente una y otra vez, sin detenerse, hasta que las ruedas se salieran de sus ejes y los motores del chasis). Pero este combate sería diferente. Ali correría, Ali no dejaría de lanzarle *jabs* largos a Frazier, ganchos y directos rápidos sin dejar de retroceder, atrás, lejos del alcance de su oponente, a menos que Frazier consiguiera encajar tal castigo y entrara al cuerpo a cuerpo. Ahí es donde comenzaba el problema militar. Pues ir al encuentro del castigo era para Frazier una cuestión moral. La situación estaba clara en esta pelea: Frazier se había convertido en el boxeador del hombre blanco, el Opresor Blanco apostaba por él, y eso significaba que los negros estarían boicoteando sus movimientos desde el fondo de sus corazones. Aquello habría podido ser un veneno para la moral de Frazier, que era dos veces más negro y la mitad de guapo que Clay. Frazier, que tenía el rostro áspero y curtido de quien se ha pasado la vida entera rompiéndose el lomo decentemente, y el aspecto del modesto y meritorio hijo de una de esas señoras de la limpieza negras, ya mayores, que trabajan de seis de la mañana hasta medianoche cada día, que sacan adelante a sus familias, que perseveran, que ocasionalmente son objeto de la irritada admiración de las damas blancas, quienes repentina y amablemente conceden que «esa mujer merece algo más en la vida». Frazier tenía el semblante de uno de los tantos hijos de esa clase de mujer, el hijo más trabajador, el más sacrificado en el entrenamiento, posiblemente el hombre más trabajador sobre la faz de la tierra. Y a medida que progresaba en su plan, primero boxeando cuatro asaltos con su *sparring* Kenny Norton, un talentoso peso pesado de la costa prácticamente invicto, luego trabajando con el saco de arena, luego con la pera, luego saltando a la comba, otros diez o doce asaltos de *sparring* y ejercicio sin parar en el día más liviano, Frazier cultivó la obstinación, la concentración y la furia superlativa de un hombre que ha tenido tan poco en la vida que puede soportar cualquier tormento con tal de conseguirlo todo. Invirtió la totalidad de su energía y su fuerza en un ejercicio absolutamente abstracto de voluntad, así que no importaba si se enfrentaba al *sparring* o al saco, con cualquiera de los dos resollaba como si el cansancio de su propio corazón y la resistencia de sus pulmones fueran sus únicos enemigos, como si la cabeza del contrincante o el cuero del saco al girar sobre sí no fuera más que un bulto abstracto de materia pura: ni una cosa, ni un hombre, sino un fardo. ¡Un fardo! Algo parecido a un obstáculo. ¡Fardo, fardo! ¡Machacar el fardo! Sin conciencia. Y su respiración se transformaba en desgarros y lamentos mientras castigaba el saco como si se tratara de algo vivo y no ese simple y pesado fardo del tamaño de un torso colgado de una cadena. Arremetía contra él como si estuviera frente a un oso, frente a un portento de boxeador con el cual estuviera fundido en el abrazo letal de un mortífero intercambio de golpes en medio del octavo asalto. Y después más *rounds* de práctica, saltando a la comba a un ritmo y una velocidad que, tras tanto entrenamiento, resultaban inhumanos. El sudor brotando como chorros de sangre de una arteria, sin dejar de saltar a la comba y farfullando: «Dos-millones-de-dólares-y-pico, dos-millones-de-dólares-y-pico», una locomotora que traquetea sobre los raíles en su camino a las últimas estaciones de la extenuación. Y era obvio que Durham, pulcro orfebre para su diamante, trabajaba para conseguir que a Frazier el combate le resultara lo más abstracto posible, como si Clay no fuera a tomar parte en él. En el gimnasio ni siquiera lo llamaban Ali: Frazier fortificaba su ego despersonalizando a su oponente. ¡Clay no era más que un fardo! ¡El pesado saco! ¡El fardo! Frazier no atendería ningún mensaje de la caverna de terciopelo en el momento en que Ali recibiera los mejores deseos de todos los negros durante aquella velada. No, Frazier se aislaría tras el prodigio de su trabajo, el trabajo del hombre más trabajador de todo el maldito planeta. No pararía, no dejaría de empujarse a sí mismo hasta el último pozo de la guarida más escondida para eliminar la extenuación diaria.

ESA ERA LA MITAD DE LA ESTRATEGIA PARA AISLAR A Frazier de Ali: trabajo duro y concentración para tratar al rival como un saco inanimado. La otra mitad quedó en manos de Durham, quien estuvo lidiando con los negros del norte de Philadelphia que pasaban por el gimnasio, pagaban su dólar y hacían todo lo posible por distraer a Frazier. Durante un buen rato de los cuatro asaltos que peleó con Norton, Frazier se mostró algo incómodo. Esto ocurrió diez días antes del combate. En realidad Frazier estaba de mal humor cuando subió al cuadrilátero, pues en el gimnasio se decía que habían descubierto que uno de los *sparrings*, despedido aquella misma mañana, era un Musulmán Negro que había mantenido informado a Ali diariamente. Ese era el rumor. Frazier, hosco y frío al principio, recibió una verdadera lluvia de golpes de Norton, que en un intento de imitar a Ali se movía a toda velocidad con los grandes guantes de entrenamiento. Frazier dio la impresión de ser un blanco fácil hasta la mitad del tercer asalto, cuando Norton, orgulloso de sus veintipico victorias y una derrota y a punto de empezar a hacerse ilusiones sobre sus posibilidades de enfrentarse a los campeones, se animó a fajarse de cerca con Frazier. Recibió un directo que lo dejó tirado en la

lona, mustio, con esa media sonrisa de tonto que se les queda a los *sparrings* cuando han recibido un golpe demasiado duro como para justificar la experiencia o el dinero que van a recibir a cambio. Hasta entonces el público había estado con Norton. Y allí, en un extremo del gimnasio Cloverlay, un viejo depósito a pie de calle con escaparate en la fachada, posiblemente un antiguo concesionario, allí, en ese inmaculado suelo con olor a lejía, con todo dispuesto para que solo Frazier y sus compañeros entrenaran (a diferencia de lo que ocurría en Miami, donde Ali se codeaba con toda clase de gente), del lado de la calle del gimnasio desierto la gente gozaba cada vez que Norton golpeaba a Frazier, se reían a carcajadas cuando Norton lo hacía parecer torpe, gritaban «¡tumba a esa abuela!» hasta que Durham, caballeroso pero admonitorio, levantaba el índice para pedir silencio. Una vez terminado el entrenamiento, sin embargo, Durham se acercaba a la gente para responder a sus preguntas, para neutralizar sus chistes ácidos, para hacerlos bailar a su son, ganando sutilmente nuevos simpatizantes para la causa de Frazier.

—Cuando pelee con Clay —decía—, lo engancharé en algún momento de los asaltos intermedios.

Entonces algunos negros ocurrentes respondían con furia:

—Es Frazier quien va a pelear, no tú.

—¿Por qué le llamas Clay? —preguntaba otro—. Se llama Ali.

—Para mí su nombre es Cassius Clay —decía Durham.

—¿Es que tienes algo en contra de su religión?

—No he dicho nada de su religión y él tampoco de la mía. Soy baptista.

—¿Vas a ganar dinero con esto?

—Desde luego —decía Durham—. Tengo que ganar dinero. No creeréis que sudo tanto para nada.

Todos quedaban encantados con él. Y Durham, feliz con ellos. Un hombrecillo gordo con un traje violeta y un sombrero de ala ancha estilo *be-bop* le preguntó: «¿Por qué no entrenas a Norton? Le estaba zurrando a tu chico». Y el tipo sonrió satisfecho porque acababa de anotarse un tanto y más tarde podría elaborar el relato para las señoritas y contarles cómo había humillado a Yank durante su ceremonia diaria de defender a su boxeador en un barrio de negros, mientras arriba, vestido y bebiendo su naranjada con pajita, todavía un poco sudoroso, con aspecto abatido por el cansancio excesivo, Frazier daba de mala gana su entrevista número doscientos o doscientos mil. «Algunos lo consiguen, otros no», decía Frazier para rechazar a los periodistas, aunque aquel día accedió cuando se lo pidió un amigo blanco que salía a correr con él. Así que ahí estaba, sentado en un sofá de cuero, traje azul oscuro, camiseta negra, secándose las cejas con una toalla rosa y declarando sin ninguna efusión que estaba listo para la pelea demasiado pronto. Ahora se levantaba una hora más temprano para ir a trotar cada mañana.

—Volvería a dormir un poco más a la vuelta, pero no me sienta bien después de correr —comentó.

—Supongo que el aire es mejor a esa hora —le dijo el reportero.

Frazier negó con tristeza:

—El aire de esta ciudad deja mucho que desear.

—¿Dónde empezaste a cantar? —le preguntaron.

—En la iglesia, canté primero en la iglesia —respondió. Pero aquel no era un buen día para hablar de canto. La soledad ante el saco parecía haberse traspasado a su extenuación actual; y en los pensamientos durante el pequeño insomnio que lo despertaba una hora antes cada día había algo de la soledad de todos los negros que trabajan duro, que no conocen el ocio y al alba deben preguntarse cuán larga y persistente puede ser la maldición que recae sobre un pueblo.

—La cuenta atrás ha comenzado —dijo Frazier—, estoy impaciente, ya no puedo esperar más.

terciopelo, y Frazier, verde. Antes de empezar, antes incluso de que el árbitro los llamara para darles las instrucciones, Ali bailó por todo el cuadrilátero, y al pasar junto a Frazier le dedicó una sonrisa infantil como diciéndole: «Eres mi nuevo compañero de juego. Vamos a divertirnos». Ali se reía. Todo lo contrario que Frazier, que apartaba la mirada para ignorar a su rival. Ali, tras haber puesto sobre aviso a la multitud con este primer movimiento, volvió a hacer cabriolas cerca de Frazier. Y cuando este ya parecía listo para enfrentarlo, Ali se dio la vuelta evitando el contacto, sonrió con dulzura y meneó la cabeza en gesto desaprobatorio de la falta de espíritu de su oponente. «Pobre Frazier», parecía decir.

Durante el pesaje, aquella misma tarde, Ali parecía físicamente resplandeciente. La noche anterior, en Harlem, muchedumbres enteras habían coreado su nombre. Venía para reclamar su victoria como producto del choque de dos corrientes colosales: él era la mayor víctima de la injusticia en América, y era también —al fin y al cabo, el siglo XX no es más que un nudo de oposiciones— el mayor narcisista del planeta. Hasta el último de los vagabundos, los excluidos, los homosexuales, los yonquis, los *freaks,* los libertinos y los simples individualistas lo adoraban. Hasta la última de las pedantes almas liberales que antes habían amado a Patterson ahora rendía tributo a Ali. Las mentes negras más asombrosas y las más exquisitas de entre las blancas estaban dispuestas a aclamarlo. Y lo mismo ocurría con todos aquellos americanos trabajadores y amantes de la familia que sentían un odio genuino hacia la guerra de Vietnam. Qué enredo de enseñas portaba en la punta de su lanza, tantas causas pendientes por defender como para hacer de él el caballero dorado de la televisión, el héroe caído de los medios. Qué cara de felicidad tenía cuando explicó en la televisión cuál sería el orden del día durante el combate, y su inevitable victoria. Parecía tan contento como un bebé que chapotea en el agua de una bañera. Si Ali era a la vez un santo y un monstruo para una mente empeñada en la búsqueda de categorías, una de esas mentes deseosas de evitar un encuentro con el pavoroso hecho de que el nuevo hombre del siglo XX ya no sería una mezcla a partes iguales del bien y el mal, generoso o codicioso según la ocasión, sino una mutación de la que Cassius Muhammad era el primer ejemplar, esa mente, entonces, no estaba en disposición de concebir al nuevo hombre del siglo XX; y no es casual que Ali hubiera a bautizado a sus dos caniches gemelos como *Angel* y *Demon*. Así, la ambigüedad de su presencia ya había llenado el Madison Square Garden antes de que el combate comenzara. Era como si Ali le hubiera anunciado a toda aquella multitud de millones y millones reunida bajo la sombra del avión, que el mayor enigma del combate sería precisamente el modo en que él se haría con la victoria. Estaba claro que empezaría su triunfo haciendo que la muchedumbre se burlara de Frazier. La premisa inicial de la velada era que si conseguía convertir la humilde alma negra de Frazier en una figurita ridícula, lo haría enloquecer de furia.

El árbitro dio las instrucciones. Sonó la campana. Los primeros quince segundos de un combate pueden ser todo el combate. Algo equivalente al primer beso en una relación amorosa. Ambos boxeadores empezaron fallando. Ali bloqueó los primeros golpes de Frazier con facilidad, pero no consiguió encontrar la cabeza del rival, una cabeza que se balanceaba con la velocidad de un tercer puño. Frazier arremetía contra Ali agitando la cabeza a toda marcha, balanceando los puños, asomándose de vez en cuando por encima y por debajo de sus antebrazos, intentando escurrirse entre los *jabs* de Ali, veloz, candente, tratando de atemorizar a Clay con la perspectiva de una pelea larga en la que tendría que soportar los golpes a los riñones más horribles que jamás hubiera recibido. Ali, a su vez, retrocedía y lanzaba puños rápidos, mal dirigidos y flojos, quizás un punto lento, aunque era obvio que intentaba estremecer las sinapsis de Frazier desde el inicio, poner en marcha una oleada de depresión que podría alcanzar a su rival en los asaltos posteriores y restarle velocidad, anestesiar sus nervios. Pero lo único anestesiado aquella noche eran los *jabs* de Ali, sus lenguas de serpiente —ffffff, fffffff— silbando en el aire, pues la cabeza de Frazier se balanceaba demasiado rápido, más rápido que nunca en ese incesante movimiento del cuerpo tan característico de él, sin dar un paso atrás, trabajando incansablemente, arremetiendo, rebotando, mientras su fabuloso gancho de izquierda surcaba el aire con la confianza de un hacha capaz de hacer trizas un árbol. Ali, tras haber fallado sus *jabs,* evitaba el gancho dando un paso adelante y se enredaba en el cuerpo a cuerpo. De repente, Ali parecía mucho más fuerte que Frazier. De modo que, transcurridos cuarenta y cinco segundos de pelea, ambos boxeadores estaban profundamente sorprendidos con las acciones de su rival. Frazier era lo bastante rápido para esquivar los puñetazos de Ali, y este era lo bastante fuerte para manejarse en el cuerpo a cuerpo. El patrón de juego estaba claro. En vista de que Ali no dejaba de fallar, Frazier se agazapaba y sus puños entraban por debajo como el hocico de un perro policía. Ali era incapaz de deslizarse de un lado a otro y estaba obligado a boxear de cerca, a retroceder y a acabar una y otra vez contra las cuerdas, donde Frazier lo seguía trabajando. Pero aun así este no conseguía darle de lleno. Como un prestidigitador, Ali se las arreglaba para enredar los puñetazos de su rival en extraños nudos, ni siquiera bloqueándolos con los codos o los guantes, sino lanzando sus propios ataques como movimientos defensivos, pues aun fallando barría a Frazier hacia los costados con su antebrazo, o bien lo mantenía a raya o se aferraba a él en un abrazo, ejerciendo un poco de presión en su cuello para exprimirle algo de su fuerza de voluntad. Una o dos veces por asalto, los largos ganchos de izquierda pasaban rozando el mentón de Ali, que meneaba despectivamente su cabeza sonriente ante los millones y millones de espectadores como diciendo: «Este hombre es incapaz de hacerme ningún daño».

El primer *round* definió la tónica general de todo el combate. Ali ganó a los puntos los primeros dos asaltos. De vez en cuando sus *jabs* y algún que otro directo de derecha o izquierda aterrizaban sin demasiadas consecuencias. Frazier a duras penas lo alcanzaba, aunque estaba claramente establecido que era lo bastante rápido para acercarse a Ali y arrinconarlo contra las cuerdas y las esquinas. Y eso significaba que el combate estaría determinado por el hombre que estuviera en mejores condiciones físicas, no psicológicas. Justo el tipo de pelea que Ali no deseaba, pues su fuerza residía en sus pausas, su naturaleza se movía a lo largo de la curva de cada expresión dialéctica; en pocas palabras, le gustaba boxear a arreones y luego apartarse para medir al rival, tomarse su tiempo y volver a pelear. Frazier no le permitía hacer eso. Se acercaba a él gruñendo como un lobo. Daba la impresión de estar enseñando los dientes bajo el protector. Obligaba a trabajar a su rival. Ali ganó los primeros dos asaltos, pero era obvio que no ganaría si tenía que mantener semejante ritmo. Y en el tercero, por fin, Frazier empezó a hacerse con el combate y conectó un poderoso puñetazo en el rostro de Ali cuando ya sonaba la campana. Ese fue el primer momento en que para todos estuvo claro que Frazier había ganado un *round*. Y volvió a ganar el siguiente. Ali parecía cansado y un tanto deprimido. Se movía cada vez menos y apelaba a una táctica que no se le había visto desde el combate con Chuvalo, cuando había demostrado su vieja habilidad, perfeccionada durante años junto a Shotgun Sheldon, de recostarse contra las cuerdas y encajar las embestidas al estómago. En aquella ocasión había logrado agotar a Chuvalo dejándose castigar, pero Frazier poseía una fuerza demasiado colosal para permitirle semejante ataque total. Ali, pues, se recostó en las cuerdas y trató de defenderse, moviendo los brazos y la cintura, bloqueando, esquivando y encajando golpes. De pronto fue como si el combate fuera a escribirse sobre las cuerdas. Sin embargo, las fuerzas de Ali empezaban a agotarse. Al comenzar el quinto asalto se levantó de su banco en el rincón lentamente, muy lentamente. Frazier sintió que la pelea estaba en sus manos y decidió hacer suyas las burlas de Ali, llevándose los brazos a los costados para imitarlo, un matón callejero riéndose en la cara de su contrincante. Ali lanzaba *jabs* largos y flojos a los que Frazier respondía enseñando el protector dental: una mueca burlona con la que mostraba al mundo que eso sería todo lo lejos que Ali llegaría aquella noche.

más allá de cualquier medida comprensible en la
fatiga que experimenta un boxeador durante los
primeros *rounds,* cuando ya se encuentra demasiado exhausto para levantar los brazos o aprove-
charse de los instantes en que el rival baja la guardia. La pelea, claro, no durará solo tres asaltos. Aún
queda por delante un montón de *rounds,* contrac-
ciones de tortura, los pulmones que dan alaridos
desde los calabozos del alma, la garganta tapizada de
una bilis tibia que alguna vez estuvo en el hígado,
las piernas inertes, los brazos que se mueven con
torpeza. En ese momento uno empieza a buscar
fuerzas en la voluntad del contrario, respirando el
aire de la voluntad del otro mientras la propia ago-
niza. A medida que discurría el quinto, el sexto, el
séptimo y luego el octavo asalto, era obvio que Ali
estaba viviendo la velada más larga de toda su

carrera. Y a pesar de todo, gracias a sus habilidades, sin dejar de buscar entre lo peor de todos los recursos de emergencia más miserables del boxeo, encontraba extrañas variaciones propias de un sonámbulo, manteniendo a Frazier a raya, sujetándolo por el cuello para intentar domarlo, casi invitándolo a atacar con sus brazos extendidos. Frazier se inclinaba sobre él, ralentizados ambos en un intercambio de débiles puñetazos, yendo y viniendo, hasta que uno de los dos conseguía salir del letargo y asestaba un golpe, un gancho, un martillazo al vientre y fuera, fuera del cuerpo a cuerpo, y ambos exhaustos. Luego Frazier, volviendo a enseñar los dientes como un lobo, se acercaba a Ali, que continuaba bailando con él, enredándolo, tanteándolo suavemente como si se tratara de una pera de entrenamiento, apenas leves toquecitos. Frazier, como un caballo agotado que siente por fin el aroma del heno, hacía un esfuerzo por trotar hasta la cima de la colina. De hecho, era como si ambos estuvieran corriendo hacia la cima de la misma colina. Como si la labor ofensiva de Frazier fuera tan grandiosa, y tan grandiosa la labor defensiva de Ali, que la pelea solo se resolvería cuando uno de los dos consiguiera trepar por la cuesta más empinada de la colina. Así que Frazier, obstinado, obstinado en ver estallar el corazón de Ali, logró que aquella cuesta fuera más y más escarpada hasta hacer de la cima algo inalcanzable. Se movían como sonámbulos, trabajándose lentamente y restregándose el uno contra el otro, casi abrazados, a punto de quedarse enganchados en aquellos movimientos acompasados, como dos amantes después de hacer el amor. De pronto, echando mano de las reservas de energía que brotaban de unas células que jamás habían sido exploradas para tal uso, uno de los dos hombres entraba en un rapto de inspiración y descargaba sus puños sobre el rival como en una hipnótica escena a cámara lenta. Así discurrieron los primeros ocho asaltos. Los dos jueces dieron seis puntos a Frazier y dos a Ali. Para el árbitro, el combate estaba empatado. Algunos periodistas ponían a Ali por delante. No era sencillo prever un tanteo. Si se hubiera tratado de una pelea callejera, Frazier ya habría ganado. Para entonces Clay era a duras penas algo más que el saco de arena de Frazier. Era un hombre, no un demonio. Su rival no sentía ningún respeto por él. Y aun así, era Ali quien más golpes conseguía conectar. Golpes suaves, casi siempre lentos, pero algunos con chispa, otros veloces. Ali conectaba dos golpes por cada uno de

Frazier, aunque los de este eran mucho más contundentes. Por momentos Ali, todo ternura, parecía estar haciendo el amor. Era como si en ese instante hubiera sentido la ausencia absoluta de aquel segundo combate real contra Liston, el combate para el que tanto y tan duro había entrenado, el combate que lo habría catapultado a la gloria de ser no solo el mayor artista del pugilismo, sino también el más bravo de todos. Tal vez aquella noche habría estado preparado para vencer a Liston en su propio terreno, siendo el más rudo entre los rudos, el más pegador entre los pegadores. Ali nunca fue un matón callejero, un semental de prostíbulo listo para machacarlos a todos. No, era más bien como si un tipo con los exquisitos reflejos de un Nureyev hubiera aprendido a noquear a otros tipos con ambas manos, convirtiéndose así en el campeón del mundo, sin alcanzar en ningún momento la absoluta certeza de si era el macho más macho o el ser más delicado entre los seres delicados, alguien con un don otorgado por los dioses. Ahora, ante Frazier, estaba bañado en sudor (un cubo de barro, una rodilla, un codo, un tobogán al fondo del pozo mortal), librando a estas alturas el combate que tanto hubiera necesitado seis o siete años antes para consagrarse en toda su grandeza. De modo que ya estuviera ganando, perdiendo o empatado a los puntos, el terror se apoderó del instinto más profundo de todos cuantos apoyaban a Ali, pues estaba claro que Frazier ganaría el combate. ¿Y qué ocurriría si Ali, por una debilidad de carácter que aflorara a la superficie entre cientos de movimientos casi imperceptibles, se derrumbara en la más profunda humillación en la que puede hallarse un boxeador, si se dejara caer a la lona medio inconsciente y no quisiera volver a levantarse? Qué golpe mortal para sus seguidores.

Empezó el noveno asalto. Frazier dio inicio a su ataque más largo en toda la velada. De vuelta al entrenamiento con Shotgun Sheldon para el combate contra Liston, al virtuosismo de gimnasio. Y Ali, como un *catcher* atrapando las bolas rápidas de un *pitcher* incisivo, recibía los golpes de Frazier, ahí va una curva, y otra, y otra, ¡un gancho!, una con efecto, otra curva. Y Ali bloqueando, en guardia, esquivando, una mueca de dolor, encajando los puñetazos, recibiéndolos y expulsándolos en forma de aire, saliendo de las cuerdas y volviendo a ser Ali el Magnífico durante el siguiente minuto y medio. La pelea cambió. Las tropas de refuerzo de Ali, la energía que había estado esperando durante tanto tiempo —agonizante, a punto de

vomitar y con el corazón encogido—, todo eso llegó de golpe. Frazier recibió sus *jabs,* sus lametazos
de serpiente en la cara, los golpes más veloces que
Ali había sacado en toda la noche. Por un momento adivinó cada intento de contraataque por parte
de Frazier y lo obligó a retroceder, volvió a bailar
a su alrededor por primera vez en varios asaltos,
inventando derechazos, ganchos mortíferos. Fue
su mejor asalto, y el mejor asalto de toda la pelea
hasta ese instante. Frazier, todavía lleno de energía pero sometido a la oleada de aquel repentino
castigo, empezaba a entrar en ese extraño estado
de concentración propio de otros rituales, ajeno
a los puñetazos, topetazos en los guantes, miradas a
los ojos y esa forma de mascar el protector dental
que es el preludio de las rodillas que flaquean, el
ingreso al callejón oscuro, el tambaleo final y la
caída del buey sobre la arena.

Por un momento pareció que Ali le había dado
la vuelta al combate. En el décimo dio la misma
impresión. Entonces los reporteros se apresuraron
a reescribir la historia, una historia en la que Ali
ya no era el Príncipe mágico destronado que se
había derrumbado ante la primera confrontación
real de su vida, sino el más grandioso Campeón de
los Pesos Pesados de todos los tiempos al haber

salido bien librado de un purgatorio llamado Joe Frazier.

Pero en el undécimo esa historia también se rompió en pedazos. Frazier lo llevó a su terreno, una y otra vez lo llevó a su terreno, y Ali estuvo a punto de ser noqueado, barrido y arrastrado al callejón oscuro. Se pasó el resto del asalto y un larguísimo duodécimo escarbando el fondo de otro infierno, intentando mantener apartado a Frazier, que insistía e insistía, profiriendo sordos lamentos, salvaje, con el salvaje honor de una bestia, un hombre libre reducido al común denominador de la voluntad que todos conservamos en algún lugar, ahí, en ese territorio animal donde la noción del hombre como bestia de carga se concibió por vez primera. Frazier intentó rematar a Ali en el undécimo y en el duodécimo. Y Ali, sobado y masajeado en las pantorrillas por Angelo Dundee durante los descansos entre cada asalto, salió a pelear el decimotercero, y, para sorpresa de todos, lo hizo bailando. La historia volvía a cambiar. Pues si Ali ganaba este asalto y el decimocuarto y el decimoquinto, ¿quién podría asegurar que no acabaría ganando el combate? Salió airoso en la primera mitad del decimotercero y se pasó la otra mitad contra las cuerdas. Ahora parecían dos colegiales corriendo enloquecidos hacia la muerte, trepando la colina de camino a casa. Con todo, Ali ganó el decimocuarto. Se le veía entero, y salió bailando al decimoquinto, mientras Frazier, habiendo reunido por fin sus ejércitos de energía, con toda su valentía preparada para escupir a la cara de cualquier demonio, blanco o negro, que quisiera arrebatarle el trabajo de toda una vida, tuvo la osadía y la demencia de robarle el fuego a Ali. Así que Frazier lanzó un puño para arrebatarle el golpe mágico, aquel golpe con el que Ali tumbó a Bonavena. Y lo encontró. Y mandó a Ali a los infiernos con un golpe celestial que puso a Muhammad en cincuenta mil fotografías de prensa: Ali en la lona. El Gran Ali en la lona impávido, cantándole a las sirenas en medio de las tenebrosas nieblas del callejón oscuro (con esa misma mirada de viudo muerto y la expresión ausente que le habíamos visto en el quinto asalto que peleó a ciegas contra Liston), y aun así se levantó, se deslizó a lo largo de los dos minutos y treinta y cinco segundos que le quedaban de infierno, en un último ejercicio de la voluntad, logrando que se mantuvieran en pie los fundamentos de hierro de su ego que indicaban que el Gran Ali no podía ser noqueado. Y entonces fue como si el espíritu de Harlem finalmente se hubiera manifestado y hubiera acudido en su rescate, como si los fantasmas de los muertos en Vietnam, o quién sabe qué, hubieran conseguido mantenerlo en pie frente a un exhausto y enloquecido Frazier, que acababa de conectar el mejor golpe de toda su vida. Así discurrieron los últimos segundos de una gran pelea, con Ali en pie. Frazier había ganado.

En ese mismo instante, el mundo empezó a hablar del combate de revancha. Pues Ali acababa de demostrarle a América lo que en secreto todos esperábamos que fuera verdad. Que era un hombre. Que podía soportar la tortura física y mental y, aun así, seguir en pie. Y que si lograba vencer a Frazier en la revancha tendríamos al fin a un auténtico héroe nacional y mundial. ¿Y quién podrá soportar la espera? Joe Frazier, vigente campeón, un gran campeón, declaró ante la prensa: «Amigos, tened piedad conmigo y dejadme vivir un poco. He trabajado durante diez largos años para llegar aquí». Y Ali, obligado a hablar a través de su álter ego Bundini, pues en ese momento estaba de camino al hospital por una posible fractura de mandíbula, dijo: «Preparad las armas. Pronto pondremos las trampas». ¡Por todos los diablos! ¡¿Podrá América soportar la espera de algo tan grandioso como el segundo combate Ali-Frazier?!